KB220227

스코틀랜드 장로교회의

제2치리서

(The Second Book of Discipline, 1578)

장대선 번역 · 해설

고백과문답

스코틀랜드 장로교회의 제2치리서

초판 1쇄 인쇄 _ 2019년 9월 6일
초판 1쇄 발행 _ 2019년 9월 6일

번역 · 해설 _ 장대선

펴낸곳 _ 고백과 문답
등   록 _ 제2016-000127호
주   소 _ 서울특별시 영등포구 가마산로65길 15-4 (신길동)
전   화 _ 02-586-5451
이메일 _ largoviva@gmail.com

편   집 _ 권연숙
인   쇄 _ 이레아트 02-2278-1886
총   판 _ (주)비전북 031-907-3927

ISBN 979-11-958998-7-6

스코틀랜드 장로교회의
제2치리서

(The Second Book of Discipline, 1578)

장대선 번역·해설

고백과문답

추 천 사

장로교회가 건강하고 든든한 장로교회가 되기 위해서는 장로교회의 토대인 신앙고백서와 요리문답, 그 양대 기둥인 예배지침과 교회정치가 바로 서야 합니다. 이 점에서 한국 장로교회는 아직도 갈 길이 멀다고 생각합니다. 하지만 본서의 출간으로 인해 한국 장로교회가 바로 설 수 있는 기틀이 마련되었습니다.

한국 장로교회에 있어서 교회정치는 성도들에게 부정적으로 인식되고 있습니다. 한 번도 제대로 된 교회정치를 본 적이 없었을 뿐 아니라, 공부하려고 해도 제대로 된 해설서조차 없었던 실정이었기 때문입니다. 교회 헌법의 조항들은 어느 정도 알고 있으나 그 조항이 의미하는 바를 아는 목사들은 거의 없습니다.

본 책은 단지 「제2치리서」에 대한 법적인 해설만 담고 있지 않습니다. 이 치리서는 무려 400년 전에 작성된 역사적 문서이기에 그 내용을 제대로 이해하기가 쉽지 않은데, 장 목사님은 그런 한계를 극복하기 위한 작업을 잘 해 주셨습니다. 그러므로 이 책을 통해서 종교개혁의 역사를 보다 더 실감나게 이해할 수 있는 유익도 누릴 수 있을 것입니다.

이성호 교수 (고려신학대학원)

추 천 사

「제2치리서」는 장로정치의 교과서다. 장로교의 신앙을 살펴보려면 『기독교강요』를 연구해야 하고, 장로교 정치를 살펴보려면 「제2치리서」를 연구해야 한다. 그런데 이번에 이 귀중한 「제2치리서」가 장대선 목사에 의해 번역되어 출간되었으니, 참으로 기쁘고 감사한 일이다.

사실 장로교회 정치를 명확하게 설명하는 이 작품을 한국어로 번역하는 일은 참으로 시급했다. 현재 한국 장로교회는 장로교회 정치가 어떤 원리에 근거해 있는지조차 알지 못하고 있는 실정인데, 이 책이 그에 대한 귀중한 안내자가 되리라 믿는다. 이 책을 통해 현재의 장로교회가 어느 위치에 있는지 파악할 수 있는 좌표를 설정할 수 있을 것이다.

대인적으로 제2치리서의 주옥같은 두 문장을 소개하자면, "목사는 노회 또는 총회의 허락 없이 회중을 떠날 수 없다"는 4장 5항의 문구와, 로마가톨릭교회의 용어들을 사용하지 말 것을 엄히 경고하고 있는 11장 1항이다. 한국교회 모든 장로교회 성도들이 이 「제2치리서」를 읽으면서 보다 성경적이고 역사적인 교회를 건설하고 보존하며 물려주는 데에 마음을 기울이기를 바라며 적극 추천하는 바이다.

라은성 교수 (총신대학교)

추 천 사

오늘날 한국 교회 안에서 교회정치는 더 이상 신앙적으로 진지한 주제가 아닌데, 이는 신앙에 있어서 교회정치는 늘 부수적인 사안으로 치부되고 있기 때문이다. 그러나 교회는 사교의 장소나 취미생활의 모임이 아니다. 교회는 예수 그리스도께서 핏값으로 사신 몸이다. 교회는 주님이 다스리시는 그분의 왕국(골 3:1)이요, 주님이 임재하는 거룩한 곳이다. 이 때문에 주님은 교회가 순수하게 유지되도록 교회질서를 제정하셨다(고전 14:33). 주님의 몸된 교회가 온전하게 된다고 할 때 교회질서 없이 그 온전함을 논할 수 없기 때문이다.

이러한 교회의 이해를 바탕으로 평소 개혁주의 신학에 깊은 애정을 가지고 있는 장대선 목사에 의해 『스코틀랜드 장로교회의 제2치리서』(The Second Book of Discipline, 1578)를 번역하고, 해설을 곁들인 책이 출판되었다는 것은 매우 의미가 깊다. 이제 비로소 한국의 장로교회정치의 뿌리를 객관적으로 파악할 수 있게 되었기 때문이다. 이 책이 교회를 바르게 세워가려는 목회자들과 신자들에게 교회정치에 대한 바른 이해를 제공해 줄 것이라 확신하며, 기쁜 마음으로 추천한다.

박상봉 교수 (합동신학대학원대학교)

추 천 사

이 책은 다음의 몇 가지 점에서 귀합니다. 첫째, 「제2치리서」를 제대로 번역하고 해설한 책은 본서가 처음이라는 점에서 그렇습니다. 둘째, 앤드류 멜빌의 정신과 그 고된 작업의 현장성을 우리에게 선사한 점에서 너무나 소중합니다. 셋째, 한국교회의 중심에 위치한 장로교회에 '장로교회 정치'의 원조를 제시한 점에서 참으로 훌륭합니다.

멜빌의 헌신과 노력으로 결실된 제2치리서는 훗날 사무엘 루터포드 등 스코틀랜드 신학자들에 의해 웨스트민스터 신앙고백서에 그대로 담겨 후대에 전수되었다는 점에서, 한국의 장로교회가 반드시 기억해야 할 인물입니다. 그 점을 이 책에서도 잘 나타내 주었습니다.

저자는 총 13장으로 구성된 본 치리서의 각항마다 충실하게 해설을 덧붙이고 있습니다. 사실 스코틀랜드 방언 일색인 본문을 번역하는 일만으로도 쉽지 않았을 것인데, 저자의 해설 가운데서 신학적인 깊이와 그 풍성함을 볼 수 있었습니다. 장로교회 목회자로서 이 책의 출간을 매우 기쁘게 생각하고 진심으로 축하하며 모든 장로교회 직분자들의 필독서로서 강력히 추천합니다.

최더함 목사 (바로선 장로교회)

서 언

오늘날 우리 사회의 기독교, 그 가운데서도 특별히 장로교회들을 주목해보면, 그 운영인 교회정치의 모습이 마치 힘의 논리와 온갖 술수들이 만연한 세속정치의 모습과 별반 다르지 않은 실정이다. 아울러 교회정치라는 말이 무색하게 되어버린 오늘날의 한국 교회들에게 있어서 혼란하고 무질서한 현실의 모습은 그 자체로 교회의 존재를 가리는 치명적인 결함으로 자리하고 있다. 왜냐하면 교회정치는 교회를 분별하는 세 가지의 표지(특히 권징)와 연계되는 중요한 요소이기 때문이다.

그런데 한국의 교회들이 그처럼 무질서하게 된 데에는, 교회론에 있어서 교회정치가 차지하는 비중(교회의 세 표지 가운데 하나)에 대한 무지가 깔려있다. 특히나 장로교회들에 있어서 교회정치의 어두움과 혼란은, 고스란히 교회 헌법(치리서)에 대한 무지를 기반으로 두고 있는 것이다.

일찍이 찰스 핫지(Charles Hodge)는 그의 미국장로교회역사에 관한 책을 통해 이르기를, 미국의 장로교회 헌법이 '프랑스 교회정치'(Quick, Synodicon)와 '스코틀랜드의 제2치리서', 그리고 '웨스트민스터 총회의 장로교회 정치형태와 목회자 임직에 관한 규정' 등이 근간이 됨을 피력한바 있다. 마찬가지로 거의 대부분의 장로교회들의 헌법적 기초는 프랑스 개혁교회와 스코틀랜드 장로교회, 그리고 웨스트민스터 총회의 장로교회정치를 바탕으로 하고 있다. 물론 이외에도 칼뱅 시대에 스위스 '제네바의 교회정치 규정' 또한 장로교회정치와 관련해서 빼놓을 수 없는 자료이지만, 소개한 세 문서들 가운데 그 대부분의 원리가 반영이 되어 있다.

하지만 그럼에도 불구하고 아직 우리의 장로교회의 현실은 웨스트민스터 총회의 장로교회정치에 관한 규정들도 제대로 숙지한 바 없으며, 심지어 스코틀랜드의 제2치리서의 경우에는 아직까지 그 본문 자체도 제대로 살펴보지 못한 실정이다. 그러므로 제2치리서의 전체 본문의 번역과 더불어 James Kirk의 책, 「The Second Book of Discipline with Introduction and Commentary」을 중심으로 여러 자료들을 비교 검토하여 완성한 이 책이 부족하나마 이러한 실정을 개혁해 나가는데 도움이 되기를 바라며, 장로교회의 독자들에게 적극 추천하는 바이다.

2019년 여름에.

목 차

1장: 교회와 정치의 일반적인 의미, 그리고 세속정치와의 차이점
(Of the Kirk and Policy Thereof in General,
and Wherein It is Different from the Civil Policy)

하나님의 교회(the kirk)는 넓은 의미에서는 예수 그리스도의 복음
을 고백하는 모든 사람들을 말하며, 아울러 경건한 자들뿐만이 아니
라 외적으로 참된 종교를 고백하나 위선적인 자들까지도 포함하는
모임(company)이나 교제(fellowship)를 교회라 이르기도 한다. 또
한 어떤 경우에 있어서 교회란, 오직 경건하며 택함을 입은 자들만을
지칭하기도 한다. 그리고 종종 진리를 고백하는 회중들 가운데 영적
인 역할(혹은 기능, spiritual function)을 하는 사람만을 지칭하기
도 한다.

   1장의 제목 "교회와 정치의 일반적인 의미, 그리고 세속정
치와의 차이점"에서 교회의 "정치"라 함은 영어의 'polity' 혹은
'government'의 개념이다. 즉 일반적인 의미에서의 정치와 같은 개
념만이 아니라 교회에 있어서는 교회 치리회의 치리를 말하는 것이
다. 그러므로 교회의 정치는 기본적으로 다스림(혹은 치리)의 행위를
지칭한다.

   1장 1항에서는 기본적으로 교회를 두 가지 관점에서 구별하고 있
다. 그 가운데 하나는 "예수 그리스도의 복음을 고백하는 모든 사람
들"이라는 넓은 의미에서의 구별이고, 다른 하나는 "오직 경건하며
택함을 입은 자들만을 지칭"하는 엄밀한 의미에서의 구별이다. 그러
므로 넓은 의미에서의 교회가 "경건한 자들뿐만이 아니라 외적으로

참된 종교를 고백하나 위선적인 자들까지도 포함하는 모임이나 교제"인 것에 반해, 엄밀한 의미에서의 교회는 "진리를 고백하는 회중들 가운데 영적인 역할(혹은 영적인 기능, spiritual function)을 하는 사람만을 지칭"할 정도로 "경건하며 택함을 입은 자들"에 국한된다.

그런데 스코틀랜드 제2치리서에서 주목하는 교회는 "오직 경건하며 택함을 입은 자들만을 지칭"하는 엄밀한 의미에서의 교회로서, 특히 "영적인 역할을 하는 사람"들로서의 교회[1]다. 그리고 그처럼 영적인 역할을 하는 사람들을 가리켜서 '교회의 직원'(officers)[2]이라 하며, 그러한 직원들에 의해 행해지는 영적인 역할을 가리켜서 '교회정치'(Church polity)라고 칭하는 것이다. 따라서 엄밀한 의미에서

---

1) 이러한 구별은 로마가톨릭교회의 '가르치는 교회'(Ecclesia Docens)와 '듣는 교회'(Ecclesia Discens)의 구별과 유사하나, 로마가톨릭교회의 가르치는 교회가 지교회(회중)와는 별도로 교황과 그에게 연합된 주교단으로 구성되는 것에 반해, "영적인 역할을 하는 사람"들로서의 교회는 지교회를 구성하는 직분들(목사 혹은 교사, 치리장로, 집사)로 구성된다. '만인제사장'(priesthood of all believers)의 개념은 이러한 구별을 전혀 배제하는 차원이 아니라, '중보자'(Midiator)로서의 유일한 그리스도에 근거하는 믿음에 있어서의 동등성의 차원이다. 구약교회나 신약교회나 공히 재판과 다스림을 위한 직분은 별도로 구별되어 세워졌다.
2) 교회의 직원은, 기본적으로 "오직 경건하며 택함을 입은 자들만을 지칭"한다는 문구에서 알 수 있듯이 엄격하며 신중한 택함(선출)을 전제로 한다. 이 점에서 현대의 많은 교회들이 직분에 적합한지에 상관이 없이 교회의 직원을 세우는 현실은, 가히 엄밀한 의미에서의 교회의 수준을 "경건한 자들뿐만이 아니라 외적으로 참된 종교를 고백하나 위선적인 자들까지도 포함하는 모임이나 교제"로 전락시키는 태도라 하겠다.

의 교회에 있어서 교회의 직원들에 의해 수행되는 교회 정치의 실현은 필연적일뿐 아니라 필수적이다.

⊕ point of view:

교회의 본질이 무엇이며, 그러한 본질이 이 지상에서 어떻게 구현되는가에 관한 이해를 바탕으로 교회정치의 성격을 파악할 수가 있다.

2

마지막 의미로서의 교회는 하나님께서 부여하신 특정한 권세(power)가 있으며, 교회는 온 교회의 평안을 위해 정당한 재판(jurisdiction)[3]과 치리(government)에 있어서 그 권세를 사용한다. 이러한 교회의 권세(power ecclesiastical)는 성부 하나님께서 중보자 예수 그리스도를 통해 그 분의 교회에게 주신 권세로서, 하나님의 말씀에 근거를 두니, 하나님의 영적 다스림(spiritual government)으로 적법하게 부르심을 받은 자들이 이 권세를 행사한다.

스코틀랜드 제2치리서 2항에서 주목하는 "오직 경건하며 택함을 입은 자들"로서의 엄밀한 교회, 특히 "영적인 역할을 하는 사람"들로서의 교회에는 "권세"(power)의 부여 또한 필연적이다. 즉 실질적인 다스림을 위해서는 반드시 권세가 부여되어야 하는 것이다.[4]

그런데 스코틀랜드 장로교회의 제2치리서는 그러한 권세의 성격을 "재판(jurisdiction)과 치리(government)"에 두고 있다. "오직 경건하며 택함을 입은 자들"로서의 엄밀한 교회는 "영적인 역할을 하는 사람"들에 의해 다스려지도록 되어 있는 것이다. 바로 이 다스리는 자들(치리자들)에 의해 엄밀한 의미로서의 교회가 규명되고 유지되는 것이다.

그러나 그러한 다스림과 재판을 위해서 부여되는 권세는 교회적 권세(power ecclesiastical)로서, 그 보증은 철저하게 하나님의 말씀(성경)으로서 가능하다. 그러므로 "영적인 역할을 하는 사람"들에게 부여되어 있는 권세란, 그들 자신에게 부여된 것이라기보다는 그들에게 부여된 말씀에 있는 것이다. 즉 교회의 모든 권세는 "영적 다

---

3) 'Jurisdiction'은 '재판권'에 해당하는 단어로서, 여기서는 전체적인 문장에서의 어감상 권세(power)와 중복되지 않도록 '재판'이라는 단어로 번역했다.

4) 이는 또한 '은사'(gift)의 필연성을 말하는 것이기도 하다. 특히 다스림이라는 말이 '목사'와 '치리장로'에게 직접적으로 적용되는데 비해, 은사의 필연성과 관련해서는 기본적으로 그 직분의 기능(직능)과 관련하여, '집사'의 직분이 비로소 연계될 수가 있다. 물론 은사의 필연성에는 가르치는 자로서의 은사와 다스리는 자로서의 은사 또한 각각 목사와 치리장로의 직분에 부합한다. 더구나 권세(power)라는 말에서 더욱 직접적으로 치리와 관련한 직분들이 연계된다.

스림"(spiritual government)으로서, 하나님의 말씀인 성경에 철저히 종속적인 권세라는 의미에서 영적인 권세인 것이다. 따라서 교회의 영적 다스림과 재판이라는 "영적인 역할을 하는 사람"으로서의 직원들의 택함(선거) 또한 성경의 기준과 절차를 따라서만 이뤄져야 하는 것이다. 그처럼 모든 기준과 절차, 그리고 실질적인 내용이 성경에 근거하며 부합할 때에, 바로 그 자체로 교회의 직원들에게는 은사와 더불어서 다스림의 권세가 성립하게 되는 것이다.

⊕ point of view:

장로교회란 기본적으로 교회의 치리와 권징을 위한 권세를 바탕으로 성립하는 것이다. 즉 교회정치가 없이 장로교회를 분별할 수가 없는 것이다.

이 권세로부터 기인한 교회의 정치는 하나님의 말씀에 따라 임명된 교회 직분자가 행하는 영적인 통치의 질서(order) 혹은 형태(form)이다. 그러므로 직분자는 즉시 이 권세를 받아서, 전체 교회의 유익을 위해 사용한다. 이 권세는 다양하게 사용할 수 있는데, 주로 교사들이, 그리고 직분을 맡은 자들이 재판의 형식(the form of judgment)을 통해 상호 동의하에 행사한다. 전자는 공공연하게 '임명권'(*potestas ordinis*)[5]라 부르고, 후자는 '권징권'(*potestas jurisdictionis*)[6]이라 한다. 이 두 가지 권세는 모두 하나의 권위(one authority), 하나의 근거(one ground), 하나의 최종적 원인(one final cause)이 있지만, 마태복음 16장과 18장에서 우리 주님께서 분명하게 말씀하신 것처럼 실행 방법(manner)과 형식(form)에 있어서는 다르다.

이 항의 "하나님의 말씀에 따라 임명된"이라는 말에서 알 수 있듯이, 스코틀랜드 장로교회의 제2치리서는 스코틀랜드교회의 자치적인 규약으로서 작성된 교회정치의 맥락이 아니라 "하나님의 말씀에 따라" 작성된 것이다. 그러므로 스코틀랜드 제2치리서의 각 장과 항

---

5) 로마가톨릭교회의 '서품권'으로, 말씀(설교와 성례)의 권세를 말함.
6) 로마가톨릭교회의 '재치권'으로, 권징의 권세라 할 수 있다.

들에서 다루는 내용들이 성경에 부합하는 한, 그것은 기본적으로 시대적이고 역사적인 산물이 아니라 통상적이고 항존적인 하나님의 권세 혹은 규례로서의 의미를 지니는 것이다.

또한 "하나님의 말씀에 따라 임명된 교회 직분자"에 의해 수행되는 교회의 정치는 "영적인" 것으로서, "하나님의 말씀에" 따라서 수행한다는 점에서 "영적인 통치의" 행위이다. 그러므로 하나님의 말씀이 규정하는 "영적인 통치의 질서 혹은 형태"를 따라서만 비로소 직분자에게 영적인 권세가 부여되는 것이다. 아울러 그러한 배경 가운데서 교회의 직원들에게는 영적인 권세에 있어 전권이 부여되는 것이 아니라, 다만 각각의 직능이 부여되는 것일 뿐이다. 그러한 각각의 직능에 따라 "영적인 통치의 질서 혹은 형태"를 잘 수립하고 유지하는 것으로서, 전체 교회의 유익을 위하는 영적인 통치(다스림)가 행해지는 것이다.

그런데 영적인 통치의 권세는 전체 교회의 질서 혹은 형태를 위한 직분의 임명권(*potestas ordins*)뿐 아니라 재판권(*potestas jurisdictionis*) 또한 포함한다. 그리고 그러한 재판의 권세는 "상호 동의"(mutual consent)를 전제로 행사된다. 그리고 그러한 상호 동의는 하나님의 말씀에 대한 순종을 전제로 비로소 가능하게 되는 것이라는 점에서, 하나님의 말씀에 따르는 영적인 통치가 필수적으로 전제된다. 즉 전체 교회의 영적인 통치를 위한 직분의 임명권뿐 아니라 재판의 형식을 취하는 권세 또한 하나님의 말씀의 권세에 근거하는 것이다. 그러므로 3항에서는 "이 두 가지 권세는 모두 하나의 권위, 하나의 근거, 하나의 최종적 원인이 있"다고 말한다. 일반적인 교회의 통치의 권세에 있어서나 재판의 권세에 있어서나 하나의 그 최종적인 근거와 원인은 오직 하나님의 말씀에 있는 것이다.

그러나 3항은 그러한 권세의 "실행 방법과 형식에 있어서는 다르다"고 언급한다. 즉 마 16:18-19절에 기록된 것과, 마 18:18-19절에 기록된 것 사이에는 "천국 열쇠"로 나타내는바 교회의 임명권과 치리(권징)로서의 재판의 권세가 각각 다른 '방법'과 '형식'으로 예시되어 있는 것이다. 그러므로 영적인 통치로서의 직분의 임명권과 재판의 권세는 그 근거와 원인에 있어서는 동일한 한 하나님의 말씀으로 말미암지만, 그 방법과 형식에 있어서는 각각 다르다.

4

교회의 권세와 정치(power and policy ecclesiastical)는 세상 권세 (civil power) 혹은 공화국(the commonwealth)의 시민 정부에 속한 권세와 정치와는 속성상 다르다. 그럼에도 불구하고 이 두 권세는 모두 하나님께 속한 것이며 그 목적은 하나로서, 바르게 사용한다면 이는 하나님의 영광을 더 높이는 것이 되고 경건하고 선한 백성들을 증대시키는 결과를 낳는다.

4항에서 언급하고 있는 스코틀랜드 제2치리서의 교회의 권세와 세상 권세와의 관계설정은 기본적으로 감독 제도의 교회, 혹은 에라스투스주의(Erastianism)와 다소 결합된 양상으로서의 시대적 상황[7]을 고려함이라기보다는, 2항에서 언급한바 "하나님께서 부여하신 특정한 권세"의 성격에 근거하여 이해해야 한다. 이는 3항에서도 동일한 맥락이어서, 전체 교회의 일반적인 권세와 재판의 권세가 공히 "하나님의 말씀에 따라 임명된 교회 직분자가 행하는 영적인 통치

---

7) 흔히 스코틀랜드와 잉글랜드에서의 교회의 형편이 '국가교회정치형태'였던 것으로 이해하나, 벌콥(L. Berkhof)의 설명에 따르면 국가교회정치형태는 파프(C. M. Pfaff, 1686–1780)에 의해 독일에서 발전하여 네덜란드에도 도입된 합동 교회제도(Collegial system)를 말한다. 스코틀랜드와 잉글랜드의 경우에는 '감독제도'와 '에라스투스주의'가 결합되는 국가적인 교회의 양상을 나타냈다. 나중에 제1치리서에까지 남아 있었던 '지역순회감독'(Superintendents)이야말로 그러한 교회정치 형태의 잔재였다.

의 질서 혹은 형태"로써 시행되는 것이라고 했다. 한마디로 스코틀랜드 제2치리서의 전반적인 권세에 관한 언급들은 "하나님의 말씀에 따라" 세워지는 교회정치의 권세(권위)라는 동일한 맥락으로 정의되고 있는 것이다. 따라서 세속정부(혹은 시민정부)의 권세 또한 "하나님의 말씀에 따라" 정의되어야 하는 것이다.

하지만 그럼에도 불구하고 교회 정치의 권세와 세상 정치의 권세는 그 특성에 있어서 분명 다르다. 이는 3항에서 언급한 "실행 방법과 형식에 있어서"의 다름과 마찬가지로 다르다는 것이다. 그러므로 각각의 권세는 고유한 속성과 영역을 확보하며, 다만 "이 두 권세는 모두 하나님께 속한 것이며 그 목적은 하나"라는 점에서 동일한 방향을 향하고 있다. 하나님께서는 교회의 권세와 세속의 권세를 각각 다른 목적으로 세우신 것이 아니라, "하나님의 영광을 더 높이"고 "경건하고 선한 백성들을 증대시키"도록 하려는 같은 목적에 따라서 "실행 방법과 형식에 있어서"만 각각 다르게 세우신 것이다.

⊕ point of view:

교회와 세상의 권세와 정치는, 하나님의 영광을 위하는 것이 목적이요 목표여야 한다는 점에서 동일하며, 다만 그 "실행 방법(manner)과 형식(form)에 있어서"는 다르다.

이러한 교회의 권세(ecclesiastical power)는 하나님께로부터 중보자 예수 그리스도를 통해 즉시로 부여되는 것으로서, 영적(spiritual)이며, 세상의 현세적인 수장(a temporal head)을 지니지 않고, 오직 그리스도만이 그의 교회의 영적인 왕이자 통치자이시다.

무엇보다 "교회의 권세"는 결코 세상에서와 같은 현세적인 수장들을 지닐 수 없다. 그 권세는 수장에게 부여되는 것이 결코 아니기 때문이다. 오히려 교회의 유일한 수장은 그리스도이시며, 그만이 실질적인 교회의 왕이자 통치자가 되시도록, 교회에 즉각적으로 영적인 권세를 부여하시는 것이다.

스스로를 교회의 수장으로 부르는 것은 적그리스도가 강탈한 거짓 칭호로서, 천사나 사람 혹은 그 어떤 계층의 사람에게도 결코 부여할 수 없는 것으로서, 오직 교회의 머리가 되시는 왕이신 그리스도에게만 합당하다.

일찍이 로마가톨릭교회의 교황(pope)과 제1치리서가 허용한 지역순회감독(Superintendents)의 경우에는 전적으로(교황의 경우가 그렇다) 혹은 어느 정도로(지역순회감독의 경우에 노회제도가 세워지기 전까지 제한적으로 유지되었다) 현세적인 수장(a temporal head)과 같은 역할로서 교회에 자리한다. 그러므로 교황제도는 물론이고, 노회제도가 세워지기 전까지 제1치리서가 한시적으로 허용했었던 지역순회 감독의 직제조차도 제2치리서는 폐지하고, 전적으로 교회의 권세가 특정한 사람에게 부여되지 못하도록 했다. 그러한 권세는 "오직 교회의 머리가 되시는 왕이신 그리스도에게만" 실질적으로도 합당한 것이다.

7

그러므로 교회의 권세와 정책은 반드시 유일한 근거인 말씀(the word)에 의지해야 하고, 성경(the scriptures)의 순전한 원천으로부터 나와야 하며, 유일한 영적인 왕이신 그리스도의 목소리를 듣는 교회로부터 나와야 하며, 그의 법으로 다스림을 받아야(being ruled) 한다.

교회의 권세가 특정한 사람에게 부여되지 않으면서, 그리스도의 다스림이 교회의 실질적인 권세가 되도록 하기 위해서는 "유일한 근거인 말씀에 의지"하여 모든 판단과 일들이 결정되고 실행될 수 있도록 해야만 한다.

뿐만 아니라 교회의 법과 규칙은 특정한 사람에게 부여된 권위(혹은 권세)에서가 아니라, "성경의 순전한 원천으로부터" 나와야 한다. 마찬가지로 스코틀랜드 제2치리서의 모든 장(a chapter)과 항(a paragraph)에서 다루고 있는 내용들 또한 원리적으로 동일하게 성경의 순전한 원천으로부터 나온 말씀에 의지하는 맥락이다. 바로 그러한 이유로 프랑스 개혁교회의 교회헌법(Quick's Synodicon), 스코틀랜드 교회헌법(치리서), 그리고 웨스트민스터 헌법(표준문서)이 공히 신앙고백(프랑스, 스코틀랜드, 웨스트민스터 신앙고백)을 채택하고 승인하고 있는 것이다. 즉 교회의 모든 법과 규칙은 오직 성경의 순전한 원천으로부터 산출한 신앙고백을 바탕으로 시작되는 것이다. 그러므로 큰 틀에서 전술한 장로교회들의 치리와 권징은 성경의 순전한 원천으로부터 산출한 신앙고백의 준수와 보전에 기반을 두고 있으며, 그러한 특성을 간과하고 역사적 혹은 시대적 맥락으로만 이해할 수는 없는 것이다.

➕ point of view:

교회에 대한 그리스도의 통치는 그리스도의 말씀과 그 말씀대로 시행하는 교회정치, 그리고 그리스도의 말씀에 따라 합당하게 행해지는 교회정치에 동의하고 순종하는 것을 통해 이루어진다.

세상에서 백성을 다스리는 군주나 지배자를 왕(kings), 군주(princes), 그리고 관원(magistrates)이라고 부르는 것은 정당하지만, 교회라는 영적 치리기구(spiritual government) 안에서 주(Lord)와 주인(Master)이라는 호칭은 오직 그리스도께만 사용함이 합당하다. 그러므로 교회에서 직무(office)를 맡은 자는 그러한 주권을 강탈해서는 안 되고, 주(lords)라고 불러서도 안 되며, 오직 목회자(혹은 사역자, ministers), 제자(disciples), 그리고 종(servants)이라고만 불려야 한다. 왜냐하면 그리스도의 보편적인 교회 안에 있는 모든 지교회들에서는 그의 영(Spirit)과 말씀(word)을 통해, 사람의 목회사역(ministry)에 의해 명령하고 다스리도록 하는 것이 그리스도의 적절한 직무(office)이기 때문이다.

스코틀랜드 신앙고백(1560) 제24조는 위정자들에 관해 이르기를 "그들은 하나님께서 선한 사람들을 칭찬하고 보호하며, 악을 행하는 모든 자들을 심판하며 응징하도록 하나님께서 칼을 주신 재판관들"[8] 이라고 했으니, 그들은 칼의 권세를 지닌 지배자들(lords and dominators)이다. 그러므로 교회의 그 어떤 권세도 로마가톨릭교회

---

8) James T. Dennison, JR. Reformed Confessions of the 16TH and 17TH Centuries in English Translation. Vol 2. 204-5.

의 역사(1077년 카노사 사건)에서 볼 수 있었던 것처럼 그러한 권세를 위정자에게서 **빼앗을** 수 없다.

그러한 위정자들의 권세에 대해 스코틀랜드 신앙고백은 "우리는 종교를 보존하고 정화하는 것은 특히 왕들과 제후들, 통치자들과 위정자들의 의무라고 단언한다. 그들은 세속 정치를 위해서 뿐 아니라, 참된 종교의 유지를 위해서와 우상숭배와 미신을 억제하기 위해서 세우심을 받았으니, 다윗, 여호사밧, 히스기야, 여호수아, 그리고 다른 이들로부터 높은 평가를 받은 경우들 가운데서 볼 수 있다."고 하여, 그 칼의 권세가 참된 종교를 위해 부여된 것임을 성경의 예(인물들) 가운데서 밝히고 있다. 한마디로 그들은 칼의 권세를 지닌 것이다.

그러나 '교회'(the kirk)라는 영적 치리(다스림)기구 안에서는 그러한 성격의 호칭이 전혀 사용될 수 없다. 오히려 그러한 호칭은 오직 그리스도께만 유일하게 적용되며, 다른 교회의 직무를 맡은 자들은 "오직 목회자, 제자, 그리고 종"으로 불릴 수 있을 뿐이다. 왜냐하면 교회의 직무를 맡은 자들에게는 칼이 아니라 그리스도의 "영과 말씀"이 쥐어질 뿐이기 때문이다. 그러므로 교회의 직원들은 영과 말씀을 통한 "목회사역에 의해"서만 명령하고 다스릴 수가 있다.

하지만 이처럼 "목회사역에 의해 명령하고 다스리는 것"만으로는 실질적으로 교회를 치리할 수 없는 경우가 있다. 스코틀랜드 신앙고백에서 언급한 것처럼 "참된 종교의 유지를 위해서와 우상숭배와 미신을 억제하기 위해"서, 즉 "종교를 보존하고 정화하는 것"은 "왕들과 제후들, 통치자들과 위정자들의 의무"를 통해 더욱 실질적으로 가능하게 되기 때문이다. 그러므로 1560년 무렵 이미 스위스의 개혁자들은 세속권력이 로마가톨릭주의로부터 개혁교회를 보호하며, 교회내부에서 풀지 못한 문제들을 해결하는데 도움을 주어야 할 뿐 아니라, 교회의 교리문제에 있어 그 순수성을 유지하는 데에 그 역할을 수행해야 한다고 주장했다.[9] 이러한 고백과 입장을 베른(The Bern Synod, 1532, 32장), 바젤(The First Confession of Basel, 1534, 8조), 위샤트(George Wishart, 1513-1546)가 번역한 헬베틱 신앙고백(The First Helvetic Confession, 1536, 27항) 등에서 찾아볼 수 있는데, 일찍이 칼뱅의 제네바 교회에서 목사와 장로들이 성경해석상의 난제를 해결하기 위한 회의를 위해서 시의회의 관리들에게 소집을 요청했었던 것에까지 뿌리를 두고 있다.

그럼에도 불구하고 8항에서 분명하게 강조되는 것은, 교회의 모든 직무를 맡은 자들의 목회사역이 "주(Lord)와 주인(Master)"의 호칭에는 결코 부합하지 않는다는 점이다.

---

9) Janet G. Macgregor, The Scottish Presbyterian Polity, 최은수 역, 『장로교 정치제도 형성사』(서울: 도서출판 솔로몬, 1997), 92.

그럼에도 불구하고, 교회(the ecclesiastical)에 속한 사역자와 그 외 모든 사람은 세상 관원(civil magistrate)에게 순종해야 하며, 세상 관원도 영적으로는 교회(the kirk)에 순종해야 하고, 교회 통치 (ecclesiastical government)에 순종해야 한다. 이 두 재판관의 권세(jurisdictions)는 일반적으로 한 사람(one person)에게 있지 않다. 세상의 권세(power)는 칼의 권세이고, 다른 하나는 열쇠의 권세이다.

8항에서 다루었듯이, 세상의 권세와 교회의 권세 사이에는 분명히 그 차이가 있다. 즉 세상의 권세가 칼의 권세이자 군주와 지배자로서의 권세인 것과 달리, 교회의 영적인 권세는 그리스도의 "영(Spirit)과 말씀을 통해" 사역하는 자들의 "목회사역(ministry)에 의해 명령하고 다스리도록 하는 것"이다.

그러나 두 권세는 서로 배타적이지 않으며, 오히려 "교회에 속한 사역자와 그 외 모든 사람은 세상 관원에게 순종해야 하며, 세상 관원도 영적으로는 교회에 순종해야" 하는 관계라고 9항은 언급한다. 그러므로 세상 권세와 교회의 권세 사이에는 서로 존중하며 서로 보완하는 관계가 설정되어야 하는 것이 스코틀랜드 제2치리서의 취지다.

물론 지금까지 언급하는 이러한 관계들은 바젤 신앙고백서(The First Confession of Basel, 1534) 8조가 언급하는 바와 같이, 하나님을 믿는 '기독교 관원'(Christian magistrate)의 권세를 전제한다. 만일 참된 기독교 신앙이 없는 관원이라면 자신에게 있는 칼의 권세로 교회의 영적인 권세까지도 아우르려 할 가능성이 높다. 그리하여 교회를 탄압하고 영적인 권세를 접수하려고 할 것인데, 실제로 잉글랜드를 중심으로 에라스투스주의(Erastianism)를 바탕으로 하는 감독제도의 강요가 이뤄진바 있다. 즉 국왕의 권세 아래에 교회를 다스리는 권세까지 포함시키려는 시도가 이뤄진 것이다.[10] 따라서 교회의 영적인 권세는 반드시 기독교 관원에 대한 적절한 영향력과 협조가 있어야 할 것이기에, 다음 항들에서 이에 대해 다루고 있다.

이 항에서는 결론적으로 "세상의 권세는 칼의 권세이고, 교회의 권세는 열쇠의 권세"이기에, 이 두 권세를 모두 아우르는 한 권세란 있을 수 없다.

---

10) 반대로 로마가톨릭교회의 역사에서는 교황의 권세 아래에 세속 관원의 권세까지 두려고 하는 시도가 이뤄진바 있다.

교회의 권세는 결코 사람에게(한 사람에게) 주어지는 것이 아니
다. 그러므로 교회정치는 항상 '회의체'(assembly)의 개념으로
시행된다.

10

세상 권세(The civil power)도 하나님의 말씀을 따라서 그들의 직분
을 영적으로 행사하고 감당하도록 해야 한다. 영적인 치리자들(The
spiritual rulers)은 그리스도인 관원(magistrate)에게 공의를 행하
고 악을 벌하며, 그들에게 허락된 범위 안에서, 교회의 자유와 안정
을 유지하도록 해 줄 것을 요구해야 한다.

사실 현대사회의 환경에서 세상 권세와 교회의 영적인 권세 사이
의 관계설정은 그다지 현실적이지 못하게 보일 수 있을 것이다. 16
세기와 17세기 유럽의 역사 가운데서 세속 권세가 교회의 영적인 권
세에 간섭하는 것을 방지하기까지 그야말로 피의 역사가 있었던 것
에 반해, 현대사회에서는 그러한 분리의 입장이 대부분 당연하기 때
문이다.

그러나 존 녹스(John Knox, 1513-1572)가 제임스 스튜어트경

이나, 아가일(Argyll) 백작 등 당대의 권력자들에게 거침없이 훈계했던 예에서 볼 수 있듯이, 스코틀랜드 제2치리서에서 설명하고 있는 세속 권세와 교회의 영적인 권세 사이의 관계는 사실 교회의 영적인 지도와 더불어 때로는 목숨을 건 간언과 지도 가운데서 비로소 이뤄진 것이었다. 이미 제네바 교회와 시의회 사이에서의 역사와 스코틀랜드에서의 역사에서 볼 수 있듯이, 때로 교회가 총회의 임명으로 의회에 대표자를 보내어 시정에 적극적으로 동참한 것은, 바로 그러한 맥락의 역사라 하겠다.

그러므로 10항에서 언급하는 내용들은 교회의 영적인 치리자들(The spiritual rulers)이 국가와 시민사회의 그리스도인 관원(magistrate)을 적극적으로 지도하는 역할을 요구하고 있다. 물론 그러한 요구는 교회의 권세가 9항에서 언급한 것처럼 영적인 권세요 "열쇠의 권세"라는 점에서, 재판하고 벌하는 칼의 방식이 아니라 목회적인 방식이어야 한다. 즉 "하나님의 말씀을 따라서 그들의 직분을 영적으로 행사하고 감당하도록" 권면하며 "공의를 행하고 악을 벌하며, 그들에게 허락된 범위 안에서, 교회의 자유와 안정을 유지하도록 해 줄 것을 요구해야" 하는 것[11] 이다. 안타깝게도 현대의 지나친 정교분리(Separation of Church and State)의 전제는, 교회에 대한 세속 권세의 역할과 세속 권세에 대한 영적인 권세의 실질적인 지도의 창구마저도 닫아버리는 쪽으로 거의 치우쳐 있는 실정이다.[12]

관원(The magistrate)은 백성들 사이에서 외적인 평화와 안정을 위하여 외적인 것들(external things)을 명하며, 목회자(the minister)는 오직 양심의 동기(conscience cause)를 위해서 외적인 것들을 다룬다.

관원이 담당하는 외적인 것들(external things)이란, 백성들 사이의 "외적인 평화와 안정을 위하여" 10항에서 언급한바 "공의를 행하고 악을 벌"하는 것을 일컫는 말이다. 그러므로 관원들은 실정법(positives law)에 근거하여 규율하며 명령할 수가 있다. 반면에 목회자는 관원들과 함께 외적인 것들을 다룰지라도, 양심의 동기(conscience cause)에 따른 도덕법적 성격으로서의 규율과 명령을 주장할 수가 있다.

---

11) 이러한 관점에 대해 Janet G. Macgregor는 "국가에 대한 교회의 요구는 시대적 정황으로 볼 때 피상적인 주장에 불과했"다고 하면서, 칼뱅의 제네바 교회에서의 국가와 교회간의 긴밀한 협력관계의 경우에도 칼뱅 당시에 제네바의 정황에서나 가능했던 것으로 언급한다. Janet G. Macgregor, The Scottish Presbyterian Polity, 169.

12) 현재 우리 사회에서 물의를 일으키고 있는 기독교 이단들의 문제나, 노회 혹은 총회 등의 문제에 있어서 세속 권위의 역할만이 유일한 대안이다시피 한 실정이다. 특히 "모든 권세는 다 하나님께서 정하신 바라"고 한 롬 13:1-7절의 말씀으로 볼 때에, 세속 권세(특히 기독교인 관원)와 교회의 권세 사이의 관계에 대한 정확한 이해와 정립은, 다원화된 사회 가운데서도 필히 정립해야 할 내용이라 하겠다.

그러므로 "백성들 사이에서 외적인 평화와 안정을 위하"는 관원들과 목회자들의 권세는 각자의 영역에서 상호간 보완적으로 합력할 때에 비로소 그 목적과 임무를 더욱 온전하게 수행할 수가 있는 것이다.

12

관원은 사람 앞에서 오직 외적인 것만을 처리하고 행하며, 반면에 영적인 치리자(spiritual ruler)는 하나님의 말씀을 따라 내적인 성향(inward affections)과 외적인 행위(external actions) 둘 다를 양심과 관련하여 판단한다.

마 10:28절에서 그리스도께서는 이르시기를 "몸은 죽여도 영혼은 능히 죽이지 못하는 자들을 두려워하지 말"도록 이르셨는데, 관원들은 그처럼 사람의 외적인 것들(육체적인 것들과 행실로 드러나는 것)만을 처리할 수가 있다. 그러나 그리스도께서 "오직 몸과 영혼을 능히 지옥에 멸하실 수 있는 이를 두려워하라"고 이르셨으니, 영적인 치리자들은 하나님의 말씀을 따라서 "외적인 행위"뿐 아니라 "내적인 성향"까지도 양심과 관련하여 판단하는 자이다.

이처럼 교회의 영적인 권세를 지닌 영적 치리자들은, 하나님의 말씀을 따라 양심과 관련한 내적인 성향까지도 판단하며 다스릴 수 있는(혹은 다스릴 수 있어야만 하는) 자이니, 마치 교회의 치리장로(Ruling Elder)가 치리의 일을 담당하는 것에 비해, 말씀 사역자인 목사는 치리하는 일뿐 아니라 더 중한 말씀의 사역을 감당하는 것과 비교되는 구별이 정부의 관원들과 교회의 영적인 치리자들 사이에 있는 것이다.

13

관원은 칼과 다른 외적인 수단들에 의해 순종을 요구하지만, 목회자는 영적인 칼과 영적인 수단들로서 순종을 요구한다.

관원은 설교(preach)를 하거나, 성례(the sacraments)를 주관해서
는 안 되며, 또한 교회를 감독(censures)하거나, 그것이 어떻게 행해
져야 하는지에 대한 규정(rule)을 정해서도 안 된다. 그러나 목회자
는 말씀을 따라 법을 준행하라고 명할 수 있고 공적 수단을 사용해서
악인을 처벌할 수 있다. 목회자는 세상 재판권(civil jurisdiction)을
행사할 수는 없지만 세상 관원이 말씀을 따라 자신이 맡은 일을 행할
수 있도록 가르칠 수가 있다.

세속의 권세와 교회의 영적인 권세 사이의 독특한(10항과 11항
에서 언급하는 바와 같은) 연계가 실질적으로 필요함에도 불구하고,
스코틀랜드 제2치리서는 그러한 권세가 사용하는 수단에 있어서 분
명하게 구별하여, "관원은 칼과 다른 외적인 수단들에 의해" 그리고
"목회자는 영적인 칼과 영적인 수단들로서" 각각 백성들(혹은 회중
들)이 다스림(치리)에 따르도록 요구한다고 13항은 언급하고 있다.

그러나 두 권세는 이미 앞서 4항에서 "이 두 권세는 모두 하나님
께 속한 것이며 그 목적은 하나로서, 바르게 사용한다면 이는 하나님
의 영광을 더 높이는 것이 되고 경건하고 선한 백성들을 증대시키는
결과를 낳는다."고 했듯이, 그 권세의 근거는 동일하게 하나님의 말
씀에 바탕을 두어야만 한다. 즉 국가나 교회나 공히 그 권세와 다스
림의 원천은 하나님의 말씀이어야만 하는 것이다. 더욱이 그리스도

인 관원들의 경우라면 더더욱 그러한 맥락은 분명하다.

무엇보다 두 권세의 관계는 마치 교회에서 치리장로의 직무와 목사의 직무가 상호 중첩되면서도 목사의 말씀사역에 의해 더욱 보완적이 되는 것과 같은 독특한 특성을 이루고 있음이 14항에 나타나 있다.

먼저 "관원은 설교를 하거나, 성례를 주관해서는 안 되며, 또한 교회를 감독하거나, 그것이 어떻게 행해져야 하는지에 대한 규정을 정해서도 안 된다." 그러므로 이 점에 있어서는 일반적인 정교분리의 원칙과 같다. 하지만 목회자는 "세상 재판권을 행사할 수는 없지만 세상 관원이 말씀을 따라 자신이 맡은 일을 행할 수 있도록 가르칠 수가 있다."고 14항은 규정하고 있다.

이러한 14항의 규정들은 얼핏 세속의 권세보다 교회의 영적인 권세가 더욱 우월하다고 볼 수 있는 인상을 주지만, 교회의 권세가 순종하도록 사용하는 수단이 "영적인 칼과 영적인 수단들"인 것에서 알 수 있듯이 결코 세속의 권세에 물리적으로 관여할 수 있는 성격이 아니며, 다만 "세상 관원이 말씀을 따라 자신이 맡은 일을 행할 수 있도록 가르칠 수" 있을 뿐이라는 점에서 결코 우위에 있다고 볼 수 없는 것이다. 이는 앞에서 언급한 바와 같이, 교회에서 목사와 치리장로 두 직분 사이가 기본적으로 동등하면서도 그 직무에 있어 독특한 차이가 있는 것과 같은 것이다.

관원은 교회의 재판(jurisdiction of the kirk)을 돕고, 유지하고 강화해야 한다. 목회자는 자신이 속한 군주들(princes)이 말씀에 부합한 정치를 할 수 있도록 도와야 하며, 다만 시정에서의(in civil affairs) 업무에 개입하여 자신들의 책임을 소홀히 하게 되지 않는 범위 내에서 세상일을 돕도록 한다.

마지막으로, 목회자가 외적인 것들에 있어 범법행위를 했다면 관원의 판결과 처벌(judgment and punishment)을 따라야 하는 것처럼, 관원도 양심과 종교의 일에 있어서 범법행위를 했다고 한다면, 교회의 치리(discipline)에 스스로 순종해야 한다.

스코틀랜드 제2치리서는 세속의 권세(관원)와 교회의 권세 사이에서 "관원은 교회의 재판을 돕고, 유지하고 강화해야 한다."고 규정하고 있다. 즉 14항에서 규정하는바 "관원은 설교를 하거나, 성례를 주관해서는 안 되며, 또한 교회를 감독하거나, 그것이 어떻게 행해져야 하는지에 대한 규정을 정해서도" 안 되지만, 그럼에도 불구하고 "교회의 재판을 돕고, 유지하고 강화"하는 역할을 수행해야 한다는 것이다. 뿐만 아니라 목회자들도 "시정에서의 업무에 개입"해서는 안 되지만, "자신이 속한 군주들이 말씀에 부합한 정치를 할 수 있도록 도와야" 한다.

이처럼 목회자와 관원의 역할은 서로 차별적이면서도 보완적인 역할로서 강조되어 있는 것이 스코틀랜드 제2치리서의 일관된[13] 입장이다. 그러므로 1장은 마지막으로 "목회자가 외적인 것들에 있어 범법행위를 했다면 관원의 판결과 처벌을 따라야 하는 것처럼, 관원도 양심과 종교의 일에 있어서 범법행위를 했다고 한다면, 교회의 치리에 스스로 순종해야 한다."고 명시하고 있다. 즉 교회의 목사라도 사회의 실정법에 위반되는 일을 행했다면 세속 법정의 처벌을 받아야 마땅하고, 관원(기독교 관원)이라고 하더라도 자신이 속한 교회의 치리회의 치리에 순종하는 것이 당연하게 요구되는 것이다. 이러한 스코틀랜드 제2치리서의 규정들을 이 시대에 당장 적용할 수는 없지만, 그럼에도 불구하고 개혁해야할 방향에 대해서는 이미 명백하게 제시해주고 있다. 이처럼 교회의 권세와 국가의 권세가 서로 유기적으로 동역할 수 있도록 되어 있는 제2치리서의 서술은 제2치리서 전반에 걸쳐서 전제되고 있으며, 또한 그것이 하나님의 말씀이 제시하는 바를 근거하여 제시하는 것이라는 점에서, 오늘날의 장로교회들이 회복할 개혁의 일면으로 이해해야 할 것이다.

---

13) 제임스 커크는 목회자가 시정에 어느 정도로 참여하는 것과 같은 입장이 일부 신령주의자(spiritualist)나 재세례주의자(anabaptist)들을 제외하고, 대부분의 개혁자들이 취한 설명이었음을 언급한다. James Kirk, The Second Book of Discipline: with Introduction and Commentary by James Kirk(Glasgow: Covenanters, 1978), 172. 커크에 따르면, 이러한 입장은 Calvin, Beza, Bullinger, Calderwood, Travers 등에게서 공히 다뤄지고 있다.

⊕ point of view :

두 가지 권세(교회와 세상의 권세)는 각각 분리되는 것이 아니며, 다만 함께이되 구별이 있다.

2장: 교회정치의 역할, 그리고 교회행정을 맡은 직원 및 직분을 맡은 자
(Of the Parts of the Policy of the Kirk, and Persons or
Office-Bearers to Whom Administration is Committed)

세상 정치(the civil policy)는 전체 연방(the whole commonwealth)이 통치자(governors) 혹은 관원(magistrates), 그리고 통치를 받는 사람 혹은 백성으로 구성되는 것처럼, 교회 정치(the policy of the kirk) 또한 어떤 이는 치리자(rulers)로 임명을 받고 (나머지 지체는 치리를 받고), 유일한 수장(one Head)이자 최고 통치자이신 예수 그리스도 안에서, 그의 영의 감동(inspiration)과 하나님의 말씀(the word)에 순종해야 한다.

세상의 정치에 있어서 통치의 주체와 대상이 각각 '관원' (magistrates)과 '백성'인 것처럼 교회 정치에 있어서도 임명을 받은 치리자와 나머지 치리를 받는 지체들로 나뉘지만, 교회 정치에 있어서 순종해야 하는 대상은 근원적으로[혹은 본질적으로] 치리자들(rulers) 자신이 아니라 "하나의[유일한] 수장이자 최고 통치자이신 예수 그리스도"이시며, 그러한 그리스도께 순종하는 것은 또한 "그의 영의 감동과 하나님의 말씀에 순종"함을 일컫는다.

그러므로 말씀의 권위, 성경에 기록된 말씀은 신자들의 마음에 성령의 증거로 말미암아 인증을 받는다. 즉 순종을 요구하는 본질적인 주체는 교회의 치리자들 자신의 권위에 있는 것이 아니라, 성령의 감동 가운데서의 하나님의 말씀에 있는 것이다. 이 점에서 교회 정치는 세상의 정치와 유사한듯하면서도 본질적인 차이를 지닌다.[14]

다시 말하자면, 교회의 정치는 다음 세 가지 즉 교리(doctrine), 치리(혹은 권징, discipline) 그리고 나눔(distribution)으로 이뤄진다. 성례의 주관은 교리에 속한다. 이런 구분을 따라 교회 안에는 세 가지 직분이 생기는데, 이들은 목회자(ministers) 혹은 목사(preachers), 장로(elders) 혹은 다스리는 자(governors) 그리고 집사(deacons) 혹은 분배자(distributors)이다.

교회 정치의 세 가지 요소에 대해 일찍이 스코틀랜드 제1치리서(The First Book Of Discipline, 1560)는 3장에서 교리, 교회 재산(patrimony), 치리로 분류하여 다루고 있다. 그러나 제2치리서에서는 교회 재산에 관하여 나눔 혹은 분배(distribution)로 대치했는데, 이 가운데서 단순히 교회 재정의 관리 차원이 아니라 교회 재산의 분배(지출)의 개념으로 확실하게 변모했음을 파악할 수 있다. 특별히 군주정치의 시대에 세상 정치가 "통치자 혹은 관원"에게 집중되어 있었던 것에 비해, 교회 정치의 경우에는 "교리, 치리, 그리고 나눔"으

---

14) 칼뱅은 일찍이 세상 정치와 교회 정치의 유사성과 차이점에 관해 언급하기를 "그 어떤 도시나 마을도 행정관이나 정치 제도가 없으면 그 기능을 발휘할 수 없는 것처럼, 하나님의 교회에도 영적인 정치 제도(spirituali politia)가 필요하다. 그런데 이 제도는 세속적인 정치 제도(civili politia)와 다른 것이기는 하지만 그것을 방해하거나 위협하지 않고(nihil impedit aut imminuit) 오히려 큰 도움을 주고 장려한다(multum iuvet ac promoveat)."고 설명했다. Calvin, Institutes, Ⅳ, xi, Ⅰ.

로 나뉘어 각각 "목회자 혹은 목사, 장로 혹은 다스리는 자, 그리고 집사 혹은 분배자"의 직분으로 구별되어 있다. 이러한 교회 정치의 구별은 나중에 군주정치가 아니라 의회정치 혹은 민주적 시민정치의 형태로 변화하는 상황에서의 삼권분립(separation of the three power, 입법·사법·행정의 분립)의 원칙에도 영향을 주었다.[15] 칼뱅이 설명한 바와 같이 교회의 영적인 정치 제도는 "세속적인 정치 제도와 다른 것이기는 하지만 그것을 방해하거나 위협하지 않고 오히려 큰 도움을 주고 장려"하는 것이기 때문이다.

이처럼 스코틀랜드 제2치리서의 교회 정치에 있어서 각 직분들은 각각의 고유하고도 중요한 영역 가운데서 그 역할을 담당하고 있다. 따라서 이같이 구별된 가치에 대한 이해 가운데서 각 직분의 동등성(equality)의 개념이 확보되는 것이다. 그러므로 우리 사회의 경우와 같이 '목사〉치리장로〉집사'의 암묵적인 등위가 존재하는 현상은, "하

---

15) '삼권분립'은 기본적으로 17세기 잉글랜드의 사상가로 유명한 존 로크(John Locke, 1632-1704)가 1689년에 출간한 '통치론'(Two Treatises of Government)에 기초한 것으로 이해한다. 즉 1642년 잉글랜드와 스코틀랜드, 그리고 아일랜드 사이의 전쟁과 1660년 왕정복고 이후 왕과 의회의 권력배분에 얽힌 배경과 함께, 명예혁명이 성공한 다음 해에 출간된 점 등으로 볼 때에, 잉글랜드와 스코틀랜드 교회와 관련한 일련의 역사와 결코 무관하지 않은 것이다. 특히 1685년 화란에 은둔해 있던 로크가 개신교를 탄압하는 프랑스의 루이 14세(Louis XIV)가 화란까지 위협하는 상황에서 개신교 신학자 림보치(Philipp van Limborch, 1633-1712)에게 보낸 서한(Epistola de Toleranntia, 1679)에서 종교정책에 대한 정치적 견해를 밝힌 것 가운데서도, 개신교 신학의 배경을 파악해 볼 수가 있다.

나의 수장이자 최고 통치자이신 예수 그리스도 안에서, 그의 영의 감동과 하나님의 말씀에 순종"하게 하는 것이 아니라 또 다른 수장(그리스도가 아니라 인간으로서의 수장)이자 통치자를 형성하는 로마가톨릭교회의 위계적 교회정치의 구조에 가까운 것이다.

⊕ point of view：

교회의 정치는 목사(또한 교사), 장로(치리장로), 집사에 의해 교리, 치리, 나눔으로 시행된다.

3

우리는 이러한 직분을 맡은 자를 일반적인 말로 교회의 목회자(ministers of the kirk)라 부른다. 비록 하나님의 교회는 유일한 왕이시며, 대제사장이시며, 교회의 머리이신 예수 그리스도께서 통치하시고 다스리시지만, 주님은 이 목적을 이루기 위해 가장 필요한 수단으로서 인간의 목회사역(the ministry)을 사용하신다. 왜냐하면 주님께서는 때때로 법 앞에서, 법 아래, 그리고 복음의 시간 속에서, 우리를 크게 위로하시고자 자신의 영적인 통치기관인 그의 교회를 위해, 성령의 은사를 받은 사람을 세워, 이 사람들이 성령과 말씀을 통해 그리스도의 권능을 행하고 세워가는 것을 허용하셨기 때문이다.

특징적이게도 스코틀랜드 제2치리서는 교회의 세 직분을 맡은 자들을 가리켜서 "교회의 목회자"(ministers of the kirk)라고 칭한다.[16] 이는 오늘날 목사만을 목회자라고 부르는 것과는 사뭇 대조적이다. 즉 목사뿐 아니라 치리 장로들과 집사들까지도 교회의 목회자로 칭하고 있는 것이다.

그러므로 교회의 유일한[하나의] 수장이자 통치자는 예수 그리스도이시지만, 그리스도께서는 목사와 치리장로, 그리고 집사의 직분이 수행하는 목회사역으로 "성령과 말씀을 통해 그리스도의 권능을 행하고 세워가"시는 것이다. 이제 그리스도의 통치를 위해 이 세 직분은 "가장 필요한 수단"(a most necessary middis)이다. 그 세 직분들이 "성령과 말씀을 통해 그리스도의 권능을 행하고 세워가"는 한, 그들은 그리스도의 실제적인 통치수단인 것이다. 바로 그러한 목적을 위해 세 직분에는 각각의 "성령의 은사"[17]가 부여된다.

---

16) 1577년 위원회에서 작성했던 것으로 보이는 1578년판 제2치리서에서는 3항의 첫 단락이 2항 후반부 단락의 문장과 함께 3항으로 되어 있다. James Kirk, 174 참조. 즉, 세 직분을 공히 "교회의 목회직"으로 정의하고 있는 것이다.
17) 각각의 은사(gift)에 대해서는 5항에서 다시 언급된다.

⊕ point of view :

그리스도의 통치는 교회에서 인간 사역자들을 통해 구현된다. 그
러한 인간 사역자들을 가리켜 '목회자'라 칭한다.

4

그리고 독재(tyranny)의 경우를 피하기 위해서, 주님께서는 그들의
직분(functions)을 따라 각기 동등한 권세(equality of power)에서
형제의 상호 동의(mutual consent)로 지도할 것을 원하셨다.

일찍이 칼뱅은 교회에 관하여 이르기를 "성경은 그리스도께서 머
리이심을 입증하고 이 영예는 오직 그에게만 있는 것이라고 단언하
고 있으므로 그리스도께서 친히 자기의 대리인(*vicarium*)으로 임명
하신 자가 아니면 그 누구에게도 양도되어서는 안 되는 것이다."라
고 최종판 기독교 강요 4권 제6장 9항에서 언급했다. 그러면서 또한
"그리스도께서 그런 사람을 임명하셨다는 것은 성경 어느 곳에서도
찾아볼 수 없으며 오히려 그것을 반증하는 구절들이 많이 있다."고
하면서 엡 1:22; 4:15; 5:23; 골 1:18; 2:10절 등을 예로 들고 있
다..

이처럼 교회의 유일한 머리(one Head)는 예수 그리스도이시며, 또 다른 머리[수장]에 의한 독재적인 권세를 형성하는 것은, 전혀 성경의 보증을 얻지 못하는 적그리스도적인 행실이다. 제4장 4항에서 언급하는 바와 같이 "성령께서는 교회 정치에 관한 한, 사람들이 권력(*principatum*)이나 주권(*dominationem*)을 꿈꾸는 것을 조심하기를 원하"시기 때문이다. 그러므로 교회의 세 직분(목사 혹은 박사, 치리장로, 집사)은 "각기 동등한 권세"(equality of power)를 지니는 것이다.

그렇다면 그처럼 동등한 권세를 지니는 세 직분은 교회 안에서 어떻게 동등하게 회중을 지도하는(혹은 다스리는) 역할을 수행할 수가 있는가?

그것은 "상호 동의"(mutual consent)로서다. 각 직분은 각자의 의사와 역할이 상호간 충분히 동의되어야만 하는 것이다. 따라서 교회의 세 직분은 서로 명령하거나 지시하는 방식이 아니라 상호간의 동의를 이룸에 근거하여 서로 협조하며 협력하는 방식으로 지도해야 하는 것이다. 이러한 상호 동의의 원리와 방식은 교회와 국가 사이의 관계에서나 교회의 치리를 위한 회중의 동의에서나 공히 중요하게 강조된다. 심지어 교회의 권징조차도 상호 동의가 없이는 이뤄질 수가 없다. 그러한 동의를 위해 3항에서 언급한 "성령과 말씀"을 통한 "성령의 은사"는 필연적이며 필수적인 요소다.

⊕ point of view：

그리스도의 통치의 수단인 사역자들은 서로 간에 우열이나 등급
이 있지 않고, 기본적으로 모두가 동등하다.

5

신약과 복음 시대에, 그는 사도(apostles), 선지자(prophets), 복음
전도자(evangelists), 목사(pastors) 그리고 말씀을 담당하는 교사
(doctors)를, 치리의 행정과 선한 질서를 위해 장로(eldership)를,
교회 자산을 돌보기 위해 집사(deaconship)를 사용하셨다.

본 항에서는 신약성경에 나오는 모든 직분들을 나열하고 있다.

그런데 일찍이 칼뱅(Jean Calvin)은 사도, 선지자, 복음 전하
는 자[18], 목사, 교사(박사), 그리고 장로(presbyteros), 집사의 직
분을 성경(특히 엡 4:11)에 근거하여 나열한바 있으며,[19] 불링거

---

18) 제2스위스 신앙고백(1566)에 의하면 이러한 자들은 복음의 역사를 기록한 자들로
  써, 복음서의 기록자들이 바로 그들이다.
19) Calvin, Institutes, Ⅳ, iii, 4-9.

(Bullinger)는 사도, 선지자, 복음 전하는 자, 목사, 교사(박사), 감독(또는 주교, bishops) 혹은 장로(elders), 집사로 분류한바 있다.[20] 스코틀랜드 제2치리서 5항의 나열은 칼뱅의 분류를 따르는데, 그의 제자인 베자(Theodore Beza) 또한 같은 분류를 하고 있으며 나중에 제네바 아카데미의 인문학 교수로 재직한바 있었던 멜빌(Andrew Melville) 역시 이를 수용하여 5항을 작성했을 것임을 알 수가 있다.[21] 이처럼 스코틀랜드 제2치리서의 교회정치에 관한 서술 대부분은 칼뱅주의신학에 바탕을 두고 있다.

기본적으로 5항에서는 신약성경에 명시하고 있는 모든 직분들을 세 부류로 나누고 있는데, "말씀을 담당하는" 자들과 "치리의 행정과 선한 질서를" 위하는 자들, 그리고 "교회 재산을 돌보"는 자들이다.

---

20) Bullinger, Decades, Ⅴ, 105-8.
21) Janet G. Macgregor, 144.

이러한 교회 직분들(ecclesiastical functions) 중 일부는 통상적(ordinary)이며, 일부는 비상적(extraordinary) 혹은 임시직(temporary)이다. 세 가지 비상적인 직분(extraordinary functions)으로, 사도, 복음 전도자, 그리고 선지자를 두었으나, 이들은 영구적인 것이 아니며 지금은 하나님의 교회에서 사라졌고, 다만 특별한 경우 그들 중 일부를 다시 세우신 예외가 있을 뿐이다. 하나님의 교회에는 네 가지 통상적인 직분 혹은 역할이 있는 데, 이는 목사(the pastor)의 직분, 목회자(minister) 혹은 감독(bishop); 교사(the doctor), 장로(the presbyter) 및 원로(elder), 그리고 집사(the deacon)가 있다.

칼뱅은 최종판 기독교강요 4권에서 '복음 전하는 자'와 '사도'를 하나로 묶어서 오늘날에는 그 두 직분이 '목사'로써 남아 있으며, '선지자' 직분은 '교사'(박사)로 영구히 남아 있다고 했다.[22] 그러므로 "말씀을 담당하는" 오늘날까지의 식분은 '목사'와 '교사'로 남아있는 것이다.

그러나 칼뱅은 복음 전하는 자와 사도, 그리고 선지자의 직분이

---

22) Calvin, Institutes, Ⅳ, iii, 5.

주님께서 그의 나라를 시작하실 때 세우셨으며 시대가 필요하다고 요청할 때마다(*prout temporum necessitas postulat*) 또다시 부활시키신다고 했는데,[23] 그처럼 스코틀랜드 제2치리서 6항에서도 그들 세 직분에 대해서 "다만 특별한 경우 그들 중 일부를 다시 세우신 예외가 있을 뿐"이라고 했다. 따라서 통상적으로 그러한 직분들은 임시적인(혹은 비상적인) 직분이며, 다만 목사와 교사들에 의해 그러한 직분의 직무가 수행되고 있을 뿐이다.

그런데 6항에서는 5항에서와 달리 네 가지의 통상적인(또한 항구적인) 직분을 규정하고 있으며, 특히 '감독'(혹은 목회자)의 직분에 대해 언급하고 있다. 칼뱅은 이것이 동등한 직분들 사이에서 발생할 수 있는 불화가 일어나지 않도록 하기 위함으로, 마치 로마의 집정관(consul)이 원로원(senatu)에서 한 것과 같이 업무에 대해 보고하고, 의견을 물으며, 상담하고 훈계하며 권고함을 통해 다른 직분들을 통제하고 공동으로 동의된 결정을 수행하는 일을 한다고 했다.[24] 그러면서 그러한 역할은 '장로회'(*communi consilio presbyterorum*)에서 수행했다고 했는데, 그것이 제1치리서 때까지 '지역순회 감독'(Superintendents)들에 의해 수행되다가, 제2치리서부터는 '노회'(Presbytery) 제도에 의해 수행되도록 규정하고 있다. 따라서 지교

---

23) 앞의 책, iii, 4.
24) 앞의 책, iv, 2.

회로서는 목사와 교사, 치리장로, 집사의 세 직분으로 분류할 수 있으며, 노회에까지 교회의 이해를 확장시켜 적용할 때에는 네 직분이 통상적인 직분으로 남아있는 것이다.

⊕ point of view :

사도시대 이후로 통상적이고도 영구적인 교회의 직분(항존직원)은 장로들인 목사, 교사, 치리장로, 그리고 집사들이다.

7

이러한 직원들(offices)은 통상적인 직분들로서, 교회의 다스림(government)과 정치의 필요에 따라 교회 안에 항상(perpetually) 존재해야 하며, 주님의 말씀을 따라 세워진 하나님의 참된 교회 안에서는 하나 이상의 직분을 받으면 안 된다.

일반적으로 루터파(Lutherans)에서는 성경에 모순되지 않는 한, 기존의 로마가톨릭교회에서의 직분들도 상당부분 용인하는 입장이었는데 반해, 칼뱅주의자(Calvinist)들의 입장에서는 성경에 명시적으로 언급되어 있는 직분들만을 인정했다. 그러므로 장로교회의 개혁자들은 일시적으로 도입했던 '성경봉독자'(Readers)의 직분을 단계적으로 폐지했는데, 1581년에 스코틀랜드 장로교회 총회에서는 이 직분을 폐지하고 더 이상 그 후보자들을 모집하지 않았다. 그러므로 스코틀랜드 장로교회에서는 노회제도와 더불어, 목사와 교사, 치리장로, 집사의 직분만이 "통상적인 직분들"로써 항구적으로 존재하게 되었다.

그런데 7항은 이러한 통상적인 직분들이 "교회의 다스림과 정치의 필요에 따라 교회 안에 항상 존재해야" 한다고 명시하고 있다. 즉 장로교회에서는 이러한 직분들의 "다스림과 정치"가 통상적으로 항상 이루어져야만 하는 것이다. 왜냐하면 그처럼 교회의 통상적인 직분들의 직무에 따라 다스림과 정치가 구현되는 가운데서 비로소 '가시적인 교회'(Visible Church)가 드러나기 때문이다.[25]

7항에서는 또한 "교회 안에서는 하나 이상의 직분을 받으면 안 된다"고 했다. 이는 교회의 "통상적인 직분들"은 "교회 안에 항상 존재해야"하기 때문이다. 즉 각각의 직분은 교회 안에서 일반적으로 각각의 직무를 수행할 수 있도록 항상 있어야 하기에, 하나 이상의 직분을 받는 자가 있을 수가 없는 것이다.

---

25) 이렇게 해서 가시적인 교회의 표지인 말씀, 성례, 권징이 교회의 통상적인 직분들인 목사, 치리장로, 집사들의 직무에 의해 가시적으로 드러나게 구현되는 것이며, 이 점에서 교회의 통상적인 직분들에 의한 항구적인 교회정치는 필수적으로 중요한 것임을 알 수 있다.

적그리스도 왕국에서 만든 욕망에 찬 모든 칭호와 그가 강탈한 위계 질서 안에 있는 모든 것들은 이 네 가지 종류 중 그 어느 것에도 속하지 않으므로 이에 근거한 모든 직분은 한 마디로 다 거부해야(to be rejected) 한다.

6항에서 언급한 "목사의 직분, 목회자 혹은 감독", "교사"의 직분, "장로 및 원로"의 직분, 그리고 "집사"의 직분들 외의 모든 직분들, 예컨대 '지역순회 감독'(Superintendents)이나 '성경 봉독자'(reader's) 등 그동안에 운용되었던 임시적인 직분들에 대해서도 8항은 "다 거부해야 한다."고 명시하고 있다.

과거 로마가톨릭교회에서는 '대집사'(arch-deacons), '참사회장'(deans) 등이 주교관구 안에서 각 교구 사제들의 신앙과 삶을 감독하는 주교의 눈과 같은 역할을 수행하도록 한 위계구조의 직분을 거부하는 맥락이다. 그러므로 '전 세계적인 감독'(*universalis episcopi*) 혹은 '수석 주교'(*primatus*)와 같은 로마가톨릭교회의 수직적인 위계구조의 직분들이나, 마찬가지로 현대 교회에 만연해 있는 '수석 목사'나 '수석 장로'와 같은 칭호, 그리고 성경에 언급된 바 없는 '권사', '원로목사', '원로장로', '서리집사', '권찰' 등과 같은 직분들도 마찬가지로 거부하는 것이 8항의 맥락이다.

이렇듯 스코틀랜드 제2치리서 2장에서 다루는 "교회행정을 맡은 직원 및 직분을 맡은 자"들은 철저히 직무에 따른 언급들과 규정들이지, 결코 명예나 욕망에 찬 칭호로서의 언급이나 규정들이 아니다. 따라서 스코틀랜드 장로교회에서는 "주님의 말씀을 따라 세워진 하나님의 참된 교회 안에서" 성경이 언급한 네 가지의 직분이 각기 고유한 직무를 수행함으로써 이 지상(earth)에 가시적인 참된 교회로써 드러나도록 하고 있는 것이다. 바로 이 같은 목적을 위해 "교회정치의 역할"이 또한 반드시 필요하다.

➕ point of view:

　　성경에 명시되지 않은 명칭으로 된 교회의 직분들은 결코 존재할 수 없으며 다 거부되어야 한다.

3장: 교회의 직분을 맡은 자를 선출하는 방법

(How the Persons that Bear Ecclesiastical Functions are
to be Admitted to Their Office)

소명(Vocation) 혹은 부르심(calling)은 교회 내 모든 직분 맡은 자가 갖추어야 할 공통 요소이며, 이러한 합법적인 방법으로서의 부르심을 통해 하나님의 교회에서 자격을 갖춘 자가 영적인 직분을 맡는다. 이러한 합법적인 부르심 없이 어느 누구도 교회의 직분(function ecclesiastical)에 관여하는 것은 결코 적법하지 않다.

칼뱅은 그의 최종판 기독교강요 4권에서 이르기를 "시끄럽게 떠들고 말썽을 일으키는 사람들이 경솔하게 나서서 가르치거나 다스리는 일을 하지 못하게 막으려면 누구든지 부르심을 받지 않고 교회에서 공적인 직분(publicum munus)을 차지하는 일이 없도록 특별히 유의해야 한다"(iii, 10)고 했다. 또한 "누구든지 교회의 참된 사역자로 인정을 받으려면, 먼저 합당하게 부르심을 받아야 하고(히 5:4), 그 다음으로 그의 소명에 응해야 한다"고 했는데, 마찬가지 맥락으로 제2 스위스 신앙고백(1566) 또한 18장에서 "교회 사역자들의 임직과 임무에 관하여" 이르기를 "교회의 사역자들은 교회에서 행하는 선거를 통하여 부름을 받고 합법적으로 선택을 받도록 해야 한다"(8항)고 했다. 스코틀랜드 제2치리서 3장 1항의 소명에 관한 언급들은, 전체적으로 이러한 맥락들 가운데서 규정하고 있는 내용들이다.

특히 "합법적인 부르심"(lawful calling)이라는 문구에서 알 수 있듯이, 교회의 모든 직분들(목사, 교사, 치리장로, 집사)은 "선거를 통하여 부름을 받고 합법적으로 선택을 받도록 해야"하는 것이다. 그러한 절차를 통해 공적이고도 합법적인 직분으로 세워질 때에, 비로소 "자격을 갖춘 자"로서 영적인 직분을 맡게 되는 것이다.

그러나 주관적이고도 개인적인 부르심과 능력에 근거해서 "선거를 통하여 부름을 받고 합법적으로 선택을 받는" 모든 적법한 절차를 간과하고 교회의 직무를 감당하는 실례들이 일찍이 재세례파 (anabaptist)들의 경우 가운데서 찾아볼 수 있었다. 심지어 현대의 교회들, 그 가운데 장로교회들 가운데서조차 선거를 통해 합법적으로 세워지는 직분의 절차가 무시되고 교회의 가르치는 직무를 수행하는 일들까지 횡횡하는 예는, 제2치리서에서 볼 때에 결코 적법하지 않은 현상들이다.[26] 집사의 직분이나 치리장로의 직분만이 아니라, 무엇보다 교회의 가르치는 직분인 목사와 교사(박사)의 직분은, 철저하고 합법적인 절차를 통해 맡도록 해야만 하는 것이다.

---

26) 이와 유사한 현상들과 관련하여, 칼뱅은 최종판 기독교강요 4권 제3장 11항에서 " 사람들은 평신도들(privatos homines)이 사역을 감당하기에 적합하고 유능하다고 생각하게 되면 그들이 사역에 부르심을 받았다고 일반적으로 말하게 된다"고 언급하면서, 그런 것들은 "이 직분을 위한 일종의 준비 요건(preparatio)"이라고 했다. 그러므로 그러한 자에 대해서는 반드시 천거와 더불어 "선거를 통하여 부름을 받고 합법적으로 선택을 받도록" 한 뒤에, 직무를 맡게 해야 한다.

⊕ point of view：

합법적인 교회의 부르심이 없이는 누구도 교회의 직분을 맡을 수
없다.

1항에서 규정한 "합법적인 방법으로서의 부르심"과 관련하여, 2
항에서는 두 종류로 분류하여, 그 가운데서 한 가지인 "비상적인 경
우"(extraordinary)를 다루고 있다.

그러나 앞서 2장 6항에서 사도들과 복음 전하는 자, 그리고 선지
자들과 같은 비상적인 직분(extraordinary functions)은 "영구적
인 것이 아니며 지금은 하나님의 교회에서 사라졌고, 다만 특별한 경
우 그들 중 일부를 다시 세우신 예외가 있을 뿐"이라고 했다. 그와
동일한 맥락으로 3장 2항에서도 그처럼 비상적인(extraordinary)

경우로서의 부르심은 잘 개혁된 교회에 사라졌다고 규정하는 것이다. 칼뱅은 교회의 공적 질서(*publicum ecclesiae ordinem*)와 관련된 외적이고 엄숙한 소명[27]에만 국한하여 부르심을 언급하며 이르기를, "나는 각 사역자가 하나님 앞에서 깨닫게 되는 은밀한 부르심(*arcanam vocationi*)에 대해서는 그대로 지나가기로 한다"고 했다. 왜냐하면 교회는 이러한 은밀한 부르심에 대해 증인이 될 수가 없기 때문이다.

그런데 이미 2장 6항에서 다룬 것과 같이, 비상적인 직원들의 경우에는 통상적인 직원들의 직무를 예비하기까지 임시적으로 부르심을 받은 직분들이다.[28] 그러므로 그러한 경우에 적용되는 것과 같은 은밀한 부르심은 그 직원(직분)의 소멸과 함께 통상적으로는 통용될 수가 없는 것이다.

---

27) Calvin, Institutes, Ⅳ, iii, 11.
28) 이와 마찬가지로 스코틀랜드 장로교회에서는 일찍이 제2치리서의 제정과 함께 '지역순회 감독제'나 '성경 봉독자'와 같은 임시적 직분들을 폐지한바 있다.

또 다른 부르심은 통상적(ordinary)으로, 이는 선한 양심의 내적인 증거와 하나님의 부르심 외에, 하나님의 교회 안에 세워진 주님의 말씀과 명령을 따라 사람의 외적인 판단(outward judgment)과 법적인 승인(lawful approbation)이 있어야 한다. 오직 사람의 마음을 아시는 하나님 앞에서의 선한 양심의 증거 없이는 어느 누구라도 어떠한 것이든 교회의 직무(office ecclesiastical)를 감당해서는 안 된다.

한국의 현대 개신교회들, 그 가운데서도 가장 모범적인 원칙과 규칙에 따라 운영되어야 마땅한 장로교회들 가운데서 직분자를 세우는 방식을 보면, 치리장로나 집사직분의 경우에는 호봉(pay step)제와 같이 신앙의 연조가 얼마나 되는가에 따라 자동적으로 택하여 부르는 경우들을 흔히 볼 수가 있다. 또한 조금이라도 교회의 예배에 꾸준히 참석하는 자가 있으면, 소위 '서리'(署理)라는 수식어를 붙여서 준 직분자처럼 불리는 것이 관례로 되어 있는 실정이다. 그러므로 심지어 목사를 세움에 있어서도 대부분의 공적인 절차들은 형식적이고, 다만 본인의 부르심에 대한 확인할 길 없는 확신[교회는 이러한 은밀한 부르심에 대해 증인이 될 수가 없다]만이 유일하게 근거가 되거나, 차후 과정이 원만하고 형통하게 진행되는가의 여부가 기준이 되는 실정이다.

그러나 3항에서는 앞서 언급한 모든 경우들에 해당할 수 있는 "선한 양심의 내적인 증거와 하나님의 부르심"의 경우, 즉 교회가 그 부르심에 대한 증언을 할 수 없는 경우들을 배제하고, "하나님의 교회 안에 세워진 주님의 말씀과 명령을 따라 사람의 외적인 판단과 법적인 승인"으로 분별할 수 있는 "통상적"(ordinary) 경우에 관해 언급한다.

　　그런데 3항은 그처럼 "통상적"인 부르심의 경우에 관하여 "오직 사람의 마음을 아시는 하나님 앞에서의 선한 양심의 증거 없이는 어느 누구라도 어떠한 것이든 교회의 직무도 감당해서는 안 된다"고 했다. 칼뱅은 기독교강요 4권에서 이에 대해 언급하기를 두 구절(딛 1:7; 딤전 3:1-7)에서 바울은 어떤 감독을 선택해야 할지를 충분히 제시하고 있다. 요약한다면, 건전한 교리(*doctrinae*)를 믿고 거룩한 생활(*vitae*)을 하며 어떤 두드러진 허물 때문에 권위를 빼앗기거나 사역을 더럽힐만한 소지가 없는 자들만을 택해야 한다는 것[29] 이라고 하면서, 똑같은 요구 조건(*similis ratio*)이 집사들이나 장로들에게도 해당된다(딤전 3:8-13)고 했다. 그러므로 과거에 범죄의 경력이 있다거나 이교적인 경력이나 중요한 흠이 될 만한 경력을 지닌 사람이라면, 그가 회계하여 돌이키고 회심을 했다고 하더라도 교회

---

29) 앞의 책, iii, 12.

의 직분자로서는 기본적으로 세울 수가 없는 것이다. 특별히 목사를 세우는 경우에 있어서는 더욱 그 기준이 엄격해야 하며, 사도 바울이 디도서 1장과 디모데전서 3장에서 언급한바 기준에 부합하는 사람만을 세워야 마땅한 것이다. "하나님 앞에서의 선한 양심의 증거"란, 이처럼 공적인(교회적인) 판단을 말하는 것이지 개인적인(당사자 혹은 추천자의 주관적인) 판단을 말하는 것이 결코 아니다.

바로 이 3항에서 언급하는 사안들에 있어서, 한국의 대부분의 개신교회들, 그 가운데 장로교회들조차도 그동안 정반대의 판단을 따른 경우들이 많았다.

➕ point of view :

사도시대 이후의 통상적인 교회의 직분들에 대해서는, 통상적인 교회의 부르심(주님의 말씀과 명령을 따른 외적인 판단과 법적인 승인)이 반드시 요구된다.

이러한 통상적이고 외적인 부르심(ordinary and outward calling)의 두 가지 방법은, 선출(election)과 임직(ordination)이다. 선출은 공석인 직분이 있는 경우에 가장 적합한 사람을 그 직분에 선택하는 것으로서, 이는 장로회의 판단(judgment of the eldership)과 선거권을 가진 사람 혹은 사람들의 동의(consent of the congregation) 하에 이루어진다. 교회의 직분을 감당할 직원의 자격 요건은 말씀에서 충분히 제시한 것처럼, 경건한 삶을 살고 건전한 종교를 가진 자로 한다.

통상적 부르심인 외적인 부르심(ordinary and outward calling)에 대해 일찍이 존 낙스에 의해 작성된 스코틀랜드 제1치리서(1560)는 "통상적 소명은 선출(election), 시험(examination) 및 임명(admission)으로 구성된다"고 했다. 그러나 제2치리서(1578)에서는 '선출' 외에 '안수'(ordination)를 언급하고 있다. 이는 월터 트래버스(Walter Travers, 1548-1635)의 경우에도 동일하다.

그런데 제1치리서에서 외적인 부르심의 방법이 '선출' 그리고 '시험'과 '임명'이었던 것이, 제2치리서에서는 '선출'과 '안수'로 바뀐 배경에는 성경에 충실하려는 맥락과 절차로서의 변화가 내포되어 있다. 칼뱅은 기독교강요 4권 3장 16항에서 "임명"에 관해 이르기를, "사도들이 어떤 사람을 사역을 위해 임명하려고 할 때 안수하는 것

(*manuum impositione*) 이외의 다른 예식은 사용하지 않았음이 분명하다"고 했는데, 그러한 언급처럼 성경(신약성경)에서 인출할 수 있는 절차만을 제2치리서의 맥락으로 삼은 것이다.[30]

특별히 제2치리서는 외적인 부르심에 근거한 직분의 '선출'과 관련하여 "공석인 직분이 있는 경우에 가장 적합한 사람을 그 직분에 선택하는 것"이라고 했는데, 그 말은 교회의 직분이 그 직무의 필요에 따라서 있는 것이지, 다른 어떤 부수적인 의도나 배경이 있을 수 없음을 전제한다. 그러므로 교회의 회중과 장로회의 회원들은 교회가 필요로 하는 직분의 공석에 한해서, 가장 적임자를 천거하여 선출하도록 해야만 하는 것이다.[31]

또한 4항에서는 공석인 직분에 가장 적임자인 사람을 선출하는 것은 "장로회의 판단과 선거권을 가진 사람 혹은 사람들의 동의하에 이

---

30) 제1치리서에서 언급한 '시험'(examination)이 빠진 데에는, 한 가지 중요한 의미가 내포되어 있으니, 그것은 시험을 치르지 않는다는 것이 그 기준(자격요건)이 완화되었다는 의미인 것이 아니라, 오히려 처음 천거에서부터 엄밀하게 "경건한 삶을 살고 건전한 종교를 가진 자"라고 하는 판단이 전제된다는 의미다. 따라서 그러한 의미로 볼 때에, 직분을 맡을 자들의 선정에 있어서 아주 엄밀한 판단의 기준이 요구되는 것이다.

31) 현대의 교회들에서 사역자들 혹은 직분의 필요와 수급에 상관이 없이 정기적으로, 혹은 의도적으로 사역자나 직분자를 선출하는 것은, 이러한 맥락과 정반대의 풍조라 하겠다.

루어진다"고 했다. 즉 적임자임을 판단하고 선출하는 구체적인 절차는 모든 회중의 판단이 아니라 '장로회'[32]의 판단과 선거권을 가진 회중의 '동의'[33]를 통해 선출되도록 한 것이다. 한마디로 "경건한 삶을 살고 건전한 종교를 가진 자"라고 누구나 동의할 수 있는 사람을 교회의 직분으로 세울 수 있도록 한 것이다.

---

32) 기본적으로 '당회', 그리고 크게는 '노회'까지 포함하기도 한다.

33) 동의를 위해서는 기본적으로 장로회에 대한 신뢰뿐 아니라, 장로회가 판단하는 후보자에 대한 긍정적인 판단이 전제되는 것이다. 그러므로 "선거권을 가진 사람 혹은 사람들"에 의해, 즉 후보자에 대해 잘 아는 사람들로서의 회원권(선거권)이 전제되는 것이다. 반면에 현대의 대형교회들 가운데서는 다수의 후보자들을 선정함으로 인해 후보자들의 면면을 잘 알지 못하는 회원들의 천거와 투표가 이뤄지는 경우가 허다하다.

선출 절차(order)에 있어서, 장로회(eldership)의 승인 없이 혹은 선거권을 가진 회중의 의지에 반하는 교회의 직분으로 사람을 세우는 것을 삼가 해야 한다. 또한 세상의 존경을 받기 위해서라도, 공석이 아닌 자리 혹은 이미 기존에 맡은 자가 있는 경우에는 직분을 세워서는 안 된다. 유급 사역자(the benefice)라 불리는 사람에 대해서는 적법한 부르심과 선출된 사역자의 사례(stipend) 외에 그 어떤 것도 허용하지 않는다.

기본적으로 성경에 근거하는 교회론에 대해 장로교회는 지상의 교회를 '가시적 교회'(visible church)라고 정의한다. 그러므로 이 하나님의 택하심에 근거하는 천상의 교회야말로 유일하며 참된 교회이지만, 그 교회는 반드시 이 지상에 가시적(visible)으로 드러나게 마련이라고 보는 것이다. 바로 그처럼 가시적으로 드러나는 교회의 속성들(교회의 통일성, 거룩성, 보편성 등)이 교회의 표지(말씀의 참된 선포, 성례의 바른 시행, 권징의 신실한 시행) 가운데서 가시적으로 드러나므로, 교회에 대한 이해에 있어 기초적인 것이 바로 얼마나 성경에 충실하게 교회를 운영하느냐에 따라서 교회가 뚜렷하게 보이기도 하고, 흐릿하거나 심지어 사라져버릴 수도 있다는 개념이다.

언급한바 교회에 대한 기초적인 이해와 개념 가운데서 볼 때에, 교회가 이 지상에 가시적으로 드러남에 있어서 교회의 표지와 연계된 직무를 수행하는 직원(직분)들이 필수적임을 알 수가 있다. 즉 교회의 직분은 단순히 교회를 운영하는데 있어서의 필요만이 아니라, 보다 근본적으로 교회를 가시적으로 드러나게 하는 일에 직접적으로 연계되는 것이다. 따라서 그러한 직무를 수행할 수 있는 적합한 직분자를 세우는 것은, 교회를 가시적으로 드러나게 하는데 있어서 필연적으로 중요하다.

제2치리서 5항에서 이미 언급한 직분의 중요성에 근거하여 "장로회의 승인 없이 혹은 선거권을 가진 회중의 의지에 반하는 교회의 직분으로 사람을 세우는 것을 삼가 해야 한다"고 했다. 왜냐하면 직무를 수행할 수 있는 적임자가 아닌 직분자를 세우는 것은, 그만큼 교회가 그들의 직무에 의해 가시적으로 드러나게 되는 데에 방해를 초래하기 때문이다.

또한 5항에서는 "공석이 아닌 자리 혹은 이미 기존에 맡은 자가 있는 경우에는 직분을 세워서는 안 된다"고도 했는데, 그것은 "세상의 존경을 받기 위해서"만이 아니라, 더욱 그 직무의 요구로 말미암아 직분이 필요하게 되는 것이기 때문이다. 그러므로 훌륭히 사역하는 목사가 이미 있는데, 다른 목사를 그 곳에 보내는 것과 같은 일은 비효율성의 측면에서뿐 아니라, 그 직분이 수행하는 직무에 대한 나태와 불편을 초래할 수 있는 심각한 것이다.

무엇보다 5항은 "유급 사역자(the benefice)라 불리는 사람에 대해" 규정하기를 "적법한 부르심과 선출된 사역자의 사례 외에 그 어떤 것도 허용하지 않는다"고 했다. 그러므로 대표적인 유급 사역자인 목사의 경우, 자신이 맡고 있는 회중에게서 공급되는 사례 외에 별도의 소득을 위해 힘쓰는 것을 금하도록 하는 것이다. 예컨대 제2치리서에서는 장로회의 승인 가운데서 설교나 강연을 한다고 하더라도, 사례금을 기대하거나 요구하는 것은 거부된다.[34]

⊕ point of view:

장로회(혹은 노회, eldership)의 승인 없이, 혹은 선거권을 가진 회중의 의지에 반하는 교회의 직분으로 사람을 세우는 것은 불가하다.

---

34) 물론 이러한 조항의 실제 적용에는 반드시 유급 사역자에 대한 현실적인 생계의 보장이 반드시 수반되어야 한다. 특히 목사의 사례를 부족하지 않게 하는 것은, 집사 직분이 수행하는 분배(혹은 나눔, distribution)에 있어서 중요한 부분이다.

임직(Ordination)은 임명(appointed)을 통해 하나님과 그의 교회가 훈련이 잘되고 자격이 있다고 판단한 사람을 거룩하게 하고 구별하기 위함이다. 안수식(ceremonies of ordination)은 금식, 간절한 기도, 그리고 장로회(eldership)의 안수례(imposition of hands)이다.

제1치리서에서 외적인 부르심의 방법인 '선출' 그리고 '시험'(examination)과 '임명'(admission)이, 제2치리서에서 '선출'과 안수에 의한 '임직'(Ordination)으로 바뀐 것에 대해, 6항에서는 이르기를 "임명을 통해 하나님과 그의 교회가 훈련이 잘되고 자격이 있다고 판단한 사람을 거룩하게 하고 구별하기 위함"이라고 했다.[35]

사실 '안수'는 직분자의 임명의 절차이기 때문에, 목사와 치리장로, 그리고 집사 등 교회의 모든 직분들에 공히 적용된다. 그러므로 안수로 세운 직분 외에 예비적인 성격의 직분은 제2치리서에서는 완전히 배제하고 있다.[36] 아울러 안수의 절차를 통해, 외적인 부르심의 방법에 있어서의 영적인 승인의 의미를 분명하게 부가하고 있다. 비

---

35) 특히 '임명'이라는 뜻의 영어단어를 'admission'이 아니라 'appointed'로 대치함으로써 아직 더 진전된 절차로서의 구별함이 남아있는 것을 예비하고 있다.
36) 앞에서 이미 언급한 것처럼 '성경 봉독자'(reder's)와 같은 임시적 역할을 제2치리서는 폐지했다.

록 내적인 부르심에 대해서 교회는 전혀 보증이 되지 않는다 하더라도, 외적인 부르심에 대해서는 공적인 절차뿐 아니라 "금식, 간절한 기도, 그리고 장로회의 안수례"를 통해 더욱 객관적이고도 영적인 보증을 하고 있는 것이다. 따라서 칼뱅도 이르기를 안수는 누군가를 교회의 사역을 위하여 불러 세울 때마다 사용한 엄숙한 예식(*solennis ritus*)이라고 했다.[37] 이처럼 교회의 직분자를 세우는 일은, 지상에 가시적인 교회를 드러나도록 하는 아주 중요한 의미를 담고 있다.

7

하나님께서 분명히 양육하셨고, 부르심에 합당한 일을 할 자격을 주신 모든 자들은, 자신의 메시지를 반드시 하나님의 말씀 안으로 한정해야(limited) 하고, 그 지경(bounds)을 넘지 말아야 한다. 이러한 직분을 맡은 자들은 오직 성경이 허락한 이름(names)과 칭호(titles)만을 사용해야(이는 스스로 높아지거나 교만해지지 않기 위함이다) 하며, 이는 그들이 수고와 고생을 마다하지 않는 자들이기 때문으로, 이 직분은 섬김(service)의 이름이지, 그리스도께서 책망하시고 금하신 세상 명예나 교만, 게으름, 자고함(preeminence)에 속한 이름이 아니기 때문이다.

---

37) 앞의 책, iii, 16.

프랑스 신앙고백(1559) 제25조를 보면, 교회에 관하여 서술하기를 시작하면서 가장 먼저 "목사 없이 교회는 존속할 수 없다. 목사의 직임은 무리를 지도하는 것으로, 정식으로 청빙되어서 그 직책을 충실하게 수행할 때 우리는 마땅히 그를 명예롭게 대하고 존경하는 마음으로 (그의 말을) 들어야 한다."[38] 고 했다. 즉 교회의 직분들 가운데서 가장 우선적으로 세워져야 하는 직분이 바로 목사의 직분이라는 것이다.

그러나 칼뱅은 성경에 보면 성령께서는 제사장이나 선지자, 사도 혹은 사도의 후계자들에게 권위와 위엄을 주실 때에 개인들에게 주시지 않고 그들이 임명을 받는 직무에(*ministerio cui praefect sunt*) 주신다고 했다.[39] 그러면서 덧붙여 이르기를 그들에게 선포하도록 위탁하신 하나님의 말씀에 주신다고 했는데, 마찬가지 맥락으로 이 7항에서도 "하나님께서 분명히 양육하셨고, 부르심에 합당한 일을 할 자격을 주신 모든 자들은, 자신의 메시지를 반드시 하나님의 말씀 안으로 한정해야 하고, 그 지경을 넘지 말아야 한다"고 규정한 것이다. 그러므로 여기서 일차적으로 다루고 있는 교회의 목사만이 아니라 모든 직분들도 마찬가지로 모든 언행과 행실을 "하나님의 말

---

38) James T. Dennison, 149.
39) Calvin, viii, 2.

씀 안으로 한정해야 하고, 그 지경을 넘지 말아야"만 한다.

무엇보다 이 7항에서는 "이 직분은 섬김의 이름이지, 그리스도께서 책망하시고 금하신 세상 명예나 교만, 게으름, 자고함에 속한 이름이 아니"라고 하여, '전 세계적인 감독'(*universalis episcopi*) 혹은 '수석 주교'(*primatus*)와 같은 로마가톨릭교회의 수직적인 위계구조의 직분들의 명칭과 같이 성경에도 없으며, 그러므로 성경이 허락하지 않은 칭호들을 만들거나 사용하지 말도록 규정하고 있다. 이는 그들이 부르심을 받아 직분을 맡게 되면 동시에 그들에게는 자신의 것을 가져오지 말고 주님의 입에서 나오는 것만을 말하라(*loquantur ex ore Domini*)는 명령이 주어지게 된다고 한 칼뱅의 언급을 따라 오직 성경이 허락한 이름과 칭호만을 사용하며 수고와 고생을 마다하지 않는 자들이어야만 함을 말하는 것이다.

한편, 7항에서는 "부르심에 합당한 일을 할 자격"이라는 언급을 하고 있는데, 칼뱅도 유사하게 이르기를 제사장이 자신이 하는 말을 백성들이 듣게 되기를 바란다면, 그로 하여금 자신이 곧 하나님의 사자(*Dei nuntium*)임을 드러내 보여야 한다고 했다. 아울러 그 창시자(*autore*)로부터 받은 명령을 신실하게 전달하는 것과 말씀을 듣는 일에 관한 한 그들은 하나님의 율법에 따라 대답해야 된다고 한 것처럼, 자신의 메시지를 반드시 하나님의 말씀 안으로 한정해야 하고, 그 지경을 넘지 말아야 함을 나타내는 것이 바로 7항의 언급이라 하겠다.

그리스도의 교회의 직분은 기본적으로 하나님의 말씀에 매이는 직무를 위한 것이다.

8

이러한 직분을 맡은 모든 자들에게는 자신이 책임을 져야 할 특정한 회중(particular flocks)이 반드시 있어야 한다. 이러한 직분을 맡은 모든 자는 그들[회중]과 함께 거주하면서, 자신의 소명을 따라 그들 [회중]을 돌보고(inspection) 감독해야(oversight)한다. 그들[직분자 들] 모두는 각기 다음 두 가지 일, 즉 하나님을 영화롭게 하고 그의 교회를 교화하는(edifying) 일을 통해, 그들의 부르심 안에서 그들의 의무를 다해야 한다.

교회의 직분을 세우는데 있어서 특별히 목사의 직분을 세우는 것이 중요한데, "교회의 직분을 맡은 자를 선출하는 방법"에 관해 다루는 3장의 마지막 부분에서는 그러므로 목사의 직분과 관련한 언급들이 중심을 이룬다.

그런데 목사 직분의 선출에 관련하여 8항은 먼저 "이러한 직분을 맡은 모든 자들에게는 자신이 책임을 져야 할 특정한 회중이 반드시 있어야 한다"고 규정하고 있다. 즉 직분은 직무를 전제로 하여 세워지는 것이기 때문에, 직무 없이 직분자를 세울 수는 없다는 것이다. 특별히 목사에 관한 외적 부르심은 특정한 개별 회중(particular flocks)의 부름이 반드시 있어야 하는 것이기 때문에, 특정한 공석이 발생했을 때에만 안수와 임직(임명)이 가능하도록 한 것이 8항의 규정이다. 그러므로 그러한 사유와 절차에 의해 세워진 목사의 직분은 "그들[회중]과 함께 거주하면서, 자신의 소명을 따라 그들[회중]을 돌보고 감독"하도록 더욱 규정한다.

끝으로 8항은 "하나님을 영화롭게 하고 그의 교회를 교화하는 일을 통해, 그들의 부르심 안에서 그들의 의무를 다해야 한다"고 명시하고 있는데, 그런즉 그러한 일(직무)들을 위해 세워진 직분은 그러한 직무가 부여되는 한, 책임을 가지고서 그 직분을 성실하게 수행해야 마땅한 것이다. 특별히 성실히 수행한다는 것은 열심과 아울러 그 직에 매여 그 직무가 사라지기 전까지 그 직분을 떠나지 않는 것을 의미한다. 그러므로 현대와 같이 이동이 자유로워진 상황이라 할지라도, 특히 목사의 직분은 그 직분과 직무에 철저히 매이기를(종속되기를) 힘써야 하는 것이다. 아울러 목사에게 있어서 그 직무는 회중을 돌보는 것(inspection)뿐만 아니라 감독(oversight)하는 것이 의무이니, 회중을 말씀으로 가르칠 뿐 아니라 감독하기 위하여 책망하여 교화하는(edifying) 데에 전력해야만 한다.

⊕ point of view:

그리스도의 교회의 직분은 직무를 위한 회중이 없이 따로 존립할
수 없다.

4장: 지교회의 직분을 맡은 자, 그리고 목회자 혹은 목사의 우선함
(Of the Office-Bearers in Particular, and First of the Pastors or Ministers)

목사(Pastors), 감독(bishops) 혹은 목회자(ministers)는 특정 회중의 임명을 받은 자로서, 주님의 말씀을 따라 지도하며, 그들의 회중을 살찌워야(feed) 한다. 그와 관련하여 회중은 그들을 '목사'로 부르는데, 이는 그들이 그 회중을 먹이기 때문이며, 또한 '감독'(episcopi or bishops)이라 부름은 그들이 그 무리를 잘 지켜내기 때문이며, 그들을 '목회자'라고 부름은 섬김과 직무 때문이며, 또한 '장로' 혹은 원로(seniors)라고 부름은, 일을 처리하는 방식에 있어 엄중하며, 가장 존경받아야 할 영적인 치리회(government)를 돌보는 일이기 때문이다.

3장에서 살펴본 바와 같이, 교회의 직분에 있어서 우선적으로 다루어지는 직분이 바로 '목사'의 직분인데, 이는 칼뱅이 언급한 것처럼 그가 말씀의 사역(*verbi ministerio*)을 담당하는 직분이기 때문이다.[40] 목사의 직무는 교회의 가장 기초적이며 중심적인 말씀 사역인 것이다. 그러므로 여기 4장 1항에서는 목사에 대해 "특정 회중의 임명을 받은 자로서, 주님의 말씀을 따라 지도하며, 그들의 회중을 살찌워야 한다"고 했다. 목사의 직무인 말씀의 사역은, 회중을 살찌우는 꼴(feed)이기 때문이다.

---

40) Calvin, ⅷ, 8.

그러나 목사를 "감독(bishops) 혹은 목회자(ministers)"라고 부르기도 하는 것에서 알 수가 있듯이, 그는 또한 "무리를 잘 지켜내"기 위하여 '다스리는 자'(혹은 치리자)이기도 하다. 그러므로 목사는 "장로 혹은 원로"라고 불리기도 하는 것이다.

특별히 제2치리서는 목사를 장로 혹은 원로라 부르기도 하는 것에 관하여 이르기를, "일을 처리하는 방식에 있어 엄중하며, 가장 존경받아야 할 영적인 치리회(government)를 돌보는 일이기 때문"이라고 했다. 바로 그러한 맥락 가운데서 목사는 당회(Kirk Eldership 혹은 session)나 노회(Eldership)의 의장(moderator)을 맡아 치리회를 전체적으로 돌보는 역할을 하는 것이다.

그처럼 중요한 목사의 직분에 대해 제2치리서는 그러므로 "일을 처리하는 방식에 있어 엄중하며, 가장 존경받아야" 함을 언급하고 있다. 교회의 치리회에서의 처리하는 방식은 일반적인 법정이나 행정기관의 경우보다 훨씬 엄중하며 존경받을만해야 하는 것이다.

⊕ point of view:

목사는 말씀으로 섬김에 있어서는 '목회자'(혹은 사역자)이며, 치리회를 돌봄에 있어서는 '장로'이다.

사역으로 부름을 받은 사람, 스스로 사역을 하려는 자들은 그들이 감당할 일정한 회중(certain flock)이 없이는 선출되어서는 안 된다.

계속해서 반복되는 바와 같이, 제2치리서에서 규정하고 있는 직분들은 반드시 직무를 전제하는 개념이다. 그러므로 직무가 없이 직분을 세울 수 없으며, 직무수행의 범위를 넘어서거나 직무수행의 적정선을 넘어서는 직분의 임명을 거부하는 것이다.

사실 목사는 이미 1항에서 규정하는 바와 같이 "특정 회중의 임명을 받은 자로서, 주님의 말씀을 따라 지도하며, 그들의 회중을 살찌워야"하는 직분이다. 그러므로 지도하며 돌볼 회중, 특히 치리회가 없이 임명될 수 없다. "특정 회중의 임명을 받은 자"라는 말은, 그처럼 회중의 요구와 필요에 따른 직무를 전제로 세워지는 목사로서의 직분을 의미하는 말이다.

➕ point of view:

직분에 요구되는 직무를 수행하지 않는 목사가 있어서는 안 된다.

어느 누구도 합법적인 부르심이 없이 이 직분을 강탈하거나 혹은 스스로 침범해서도 안 된다.

여기서 "합법적인 부르심"이라는 말도 1항에서 언급한 "특정 회중의 임명을 받은 자"를 전제한다. 즉 불특정한 회중이 아니라 특정한 개별 회중의 임명을 받은 자가 바로 합법적으로 부르심을 받은 자인 것이다. 마찬가지로 '외적 부르심'이라는 말도, 특정한 회중에 의한 공적인 부르심을 전제한다.

그런데 노회제도가 도입되기 전에까지 있었던 '지역순회 감독'들의 경우에는, 특정한 직분으로서의 순회감독에 의해 합법적으로 부르심을 받은 직분을 "강탈하거나 혹은 스스로 침범"할 수 있는 여지가 아직 있었으며, 특히 로마가톨릭교회의 정치구조 가운데서는 '성직매매'와 같은 불법적인 일들이 얼마든지 이뤄지기도 했었던바, 3항에서는 그러한 경우를 원천적으로 차단하고자 하는 것이다.

하나님으로부터 한 번 부르심을 받은 사람, 회중에 의해 선출된 사람
이 한 번 사역의 직분을 받아들인 다음에는 그 직무(functions)를 떠
나서는 안 된다. 그 직무를 버리는 자는 책망을 받을 것이며, 완강하
게 거부할 경우, 끝으로 출교(excommunicated)되어야 한다.

목사직분의 경우 부르심을 받은 회중을 돌보며 지도하는 직무는
그 직분의 기초이기에, 그러한 직무를 떠나서는 기본적으로 직분도
유지될 수가 없는 것이다. 그러므로 아주 특별한 경우(병환이나 회중
전체의 요구나 노회의 권장에 따라 이동이 이뤄지는 경우 등)가 아
니라면, 목사는 자기 회중의 범위(직무의 범위)를 임의로 버릴 수 없
다. 바로 그러한 배경 가운데서 특정한 개별 회중의 목사(담임목사)
가 다른 회중들에게 초빙을 받더라도 반드시 노회(Eldership)의 허
락을 바탕으로 가능한 것이다.

따라서 맡겨진 회중을 지도하며 양육하는 직무를 떠나는 경우[41]
에는 기본적으로 면직이 되는 것이며, 심지어 목사들의 경우 그러한
의도의 권고를 거부할 시에는 출교[교회의 회원이 아님을 선포하는

---

41) 이는 치리장로나 집사와 같은 다른 직분에 있어서도 기본적으로 동일하다.

것]되도록 4항은 규정하고 있다. 한마디로 특정 회중의 합법적인 부르심 가운데서 임명을 받은 자는, 함부로 특정 회중에 대한 직무를 벗어나서는 안 되는 것이다.

⊕ point of view :

통상적으로 목사는 자신이 원하는 사역이 아니라, 자신에게 맡겨진 사역에 매이는 자다. 그러므로 자신의 거취와 관련해서는 임의로 자신이 결정하여 취할 수 없다.

5

목사(pastor)는 노회 또는 총회(provincial or national assembly)의 허락 없이 회중을 떠날 수 없다. 만약 그가 떠난다면, 그리고 권면을 해도 순종하지 않을 경우에, 교회 감독관(censures of the kirk)은 그 목사를 면직할 수(strike upon) 있다.

앞선 4항의 규정에 의해, 필연적으로 5항에서는 목사 직분에 대한 강력한 규정들을 언급하고 있다. 직무의 범위(특정 개별 회중에 대한 직무범위)를 임으로 벗어난 직분은 기본적으로 존립할 수 없는 것이다.

6

하나님의 말씀을 가르치는 일은 때를 얻든지 못 얻든지 목사의 공적
이며 사적인 업무로서, 하나님의 말씀이 그에게 지시한 대로 항상 양
심을 따라 교화하는(to edify) 일을 해야 한다.

여기서 "때를 얻든지 못 얻든지"(in season and out of season)
라는 말은, 칼뱅에 따르면 억척스러운 보챔(*importunitas*)의 의미
다.[42] 칼뱅은 더욱 그 말에 대하여 이르기를 그(디모데와 그를 따르
는 모든 목사들)로 하여금 단지 자신이 정한 시간에 가르침의 직분을
수행하고 자신의 편리한 대로 맞추게 하는 것이 아니라, 어떠한 수고
나 고통도 불사하고 계속 전진하게 한다는 뜻이라고 했다. 그러므로
목사는 "공적이며 사적인 업무로서, 하나님의 말씀이 그에게 지시한
대로 항상 양심을 따라 교화하는 일을 해야 한다"고 6항은 언급하고
있다. 공적인 시간에만이 아니라, 개인적이며 사적인 시간까지 말이
다.

---

42) 칼뱅의 딤후 4:2절에 대한 주석을 보라.

성례를 주관하는 것은 목사(the pastor)의 고유한(only appertains) 직무로서, 이는 말씀을 전하는 것과 같은 방식이다. 이 두 가지 직무는 하나님께서 우리를 가르치시기 위한 수단으로 명하신 것으로, 하나는 귀로, 또 하나는 다른 감각기관으로 가르침을 받아, 그 두 지식을 마음으로 전달(transferred)하기 위함이다.

7항에서는 교회의 말씀과 관련한 또 다른 직분인 교사(박사)도 성례를 주관할 수 없다고 규정한다. 그러므로 5장 6항에서도 "박사는 다른 질서로서 부름을 받지 않는 한, 회중에게 설교를 하거나, 성례를 주관하거나 결혼 예식을 주관할 수 없다"고 한 것이다. 따라서 목사는 말씀을 가르치는 직무와 마찬가지로, 성례 또한 "때를 얻든지 못 얻든지" 힘쓰며 전념하여 주관해야만 하기에, 7항은 "이는 말씀을 전하는 것과 같은 방식이"라고 한 것이다.

또한 성례를 주관하는 것이 목사의 고유한 직무이자 말씀을 전하는 것과 같은 방식(like manner)이기에, "이 두 가지 직무는 하나님께서 우리를 가르치시기 위한 수단으로 명하신 것"이라고 7항은 규정하고 있다. 마찬가지로 스코틀랜드 신앙고백(1536)에서도 제22조에서 "성례의 올바른 집행"과 관련하여, 성례를 올바르게 집례하기 위해서는 집례자만이 아니라 그것을 받는 자들도 성례가 제정된 목적을 알아야 한다. 그것을 받는 자들이 그 의미를 모른다면, 구약의 희생 제사의 경우와 마찬가지로, 성례가 올바르게 집례된 것이 아니라고 했다. 그러므로 제2치리서 7항에서 언급하는 바와 같이 "하나는 귀로, 또 하나는 다른 감각기관으로 가르침을 받아, 그 두 지식을 마음으로 전달"할 수 있도록 성례가 집행되어야만 하는 것이다. 이를 위해서도 목사는 "때를 얻든지 못 얻든지" 성례의 목적과 의미를 힘써 가르치며 전념하여 주관해야 하는 것이다.

8

동일한 이유로, 목사는 사람들, 즉 자신에게 허락된 회중들을 위해 기도할 책임이 있다. 주님의 신실한 종들이 낙심하지 않도록, 주님의 이름으로 성도를 축복해야 한다.

사도행전 6장에서 열두 사도들이 구제를 위한 재정 출납과 관련한 일이 너무 과도하게 되었을 때에, 그들은 "성령과 지혜가 충만하여 칭찬 받는 사람 일곱을 택하"(3절)여, 그 일을 그들에게 맡기며 이르기를 "우리는 오로지 기도하는 일과 말씀 사역에 힘쓰리라"(4절)고 했다.

그런데 사도행전 6장에서의 언급은 사도들의 사적인 경험들을 언급하는 것이 아니다. 오히려 과부들의 구제가 공적으로 이루어졌던 것처럼 사도들이 말한 "기도하는 일과 말씀 사역에 힘쓰리라"는 말 또한, 교회로서의 공적인 직무에 대한 언급인 것이다. 마찬가지로 웨스트민스터 공예배모범(1645)의 기도에 관한 지침들을 보면 공히 예배 때에 목사가 담당하는 기도에 관한 언급들인 것을 볼 수가 있는데, 이는 사도행전 6장과 제2치리서 4장 8항의 문맥을 따르는 것이라 하겠다.[43] 그리고 그처럼 목사에 의한 기도를 언급하는 것은, 행 6:2절에 언급한바 "하나님의 말씀을 제쳐 놓고" 기도할 수 없기 때문이다. 그러므로 말씀의 일꾼인 목사야말로 "자신에게 허락된 회중들을 위해 공적으로(또한 사적으로도) 기도할 책임"이 있는 것이다.

---

43) 웨스트민스터 총회의 잉글랜드 총대이기도 했었던 윌리엄 구지(William Gouge, 1578-1653)의 'The Sabbaths Sanctification(London, 1641)'을 보면, "목사는 그가 서 있는 예배당(roome)에서 성도들을 향한 하나님의 입이다.……또한 목사는 회중의 마음을 하나님께 알리는 하나님을 향한 성도들의 입이다."라고 한 것을 볼 수 있으니, 이런 측면에서도 회중들에 대한 기도는 목사의 중요한 의무요 책임이다.

그는 항상 자신이 속한 회중의 생활을 감독하며, 교리(doctrine)를
그들에게 보다 더 잘 적용하여, 방종한 자는 책망하고 경건한 자는
계속해서 하나님을 경외하도록 권면해야 한다.

　　칼뱅은 목사 직분에 대해 이르기를 그들이 교회에 세움을 입은 것
은 그럭저럭 시간을 보내라는 것이 아니라 그리스도의 교훈으로 사
람들에게 참된 경건(*veram dignitatem*)을 가르치며 거룩한 성례
(*sacra mysteria*)를 시행하고 올바른 권징(*rectam disciplinam*)
을 유지하고 집행하라는 것이라고 했다.[44] 아울러 겔 3:18절의 "내
가 악인에게 말하기를 너는 꼭 죽으리라 할 때에 네가 깨우치지 아
니하거나 말로 악인에게 일러서 그의 악한 길을 떠나 생명을 구원하
게 하지 아니하면 그 악인은 그의 죄악 중에서 죽으려니와 내가 그
의 치 값을 네 손에서 찾을 것"이라고 한 파수꾼에 대한 경고를 그
대로 바울에게까지 확장하여, 고전 9:16-17절의 "만일 복음을 전
하지 아니하면 내게 화가 있을 것이로다……나는 사명[45]을 받았노
라."는 고백이 바로 그러한 맥락임을 언급하며, 또한 그것이 파수꾼

---

44) Calvin, ⅲ, 6.
45) "사명"보다는 "직분"에 더 가까운 말이다. 헬라어 '*οἰκονομίαν*'은 '*οἰκονόμος*' 즉,
　　"맡은 자"(고전 4:2), "일군"(고전 4:1)의 의미에서 유래한 단어이기 때문이다.

(*speculators*)으로서의 목사의 책무라고 했다. 9항은 바로 이같은 맥락의 규정이다.

➕ point of view:

통상적인 목사의 직무는, 하나님의 말씀을 가르치는 일, 성례를 주관하는 것, 공적으로나 사적으로나 간에 회중을 위해 기도하는 것, 회중의 생활을 감독하고 지도하는 것이다.

10

교회에 허락한 열쇠의 권세(the keys granted unto the kirk)를 따라, 누구든지 장로회(the eldership)의 합법적인 절차를 거친 후, 묶고 푸는 선고를 내리는 일은 목회자(the minister)에게 속한다.

제1치리서(1560)는 파문(excommunication)에 대해 목사의 입[말]과 교회의 사역[목회사역]과 계명에 대한 동의에 따라 시행하도록 권고하고 있는데, 제2치리서(1578)에서는 더욱 명확하게 "교회에 허락한 열쇠의 권세를 따라, 누구든지 장로회의 합법적인 절차를 거친 후, 묶고 푸는 선고를 내리는 일은 목회자에게 속한다"고 규정하고 있다.

하지만 그러한 "열쇠의 권세"(the keys granted unto the kirk)는 반드시 "장로회(the eldership, 노회)의 합법적인 절차"를 거쳐서 행사되어야 한다. "묶고 푸는 선고를 내리는 일"은 목회자인 목사에게 속한 것일지라도, 그러한 권세는 개인으로서의 목사에게가 아니라 치리회로서의 장로회[노회]에 있는 것이고, 다만 그 선고에 있어서는 지교회에 속한 목사에게 속하는 일로 10항은 규정하고 있다.

11

그는 위와 마찬가지로 장로회(the eldership)를 통해 합법적인 절차를 거친 후, 연합할 두 사람의 결혼식을 엄숙히 진행하고, 두 사람이 하나님을 경외함으로 거룩한 연합에 들어가도록 주님의 이름으로 그 두 사람을 축복할 수 있다.

제2치리서가 작성되어 승인되던 시기에 스코틀랜드에서는 교회의 당회에 결혼을 승인하는 부분에 대한 관활권을 지닌 법정이 남아 있었다. 그러므로 결혼의 승인은 장로회(the eldership)로서의 교회가 담당하는 업무 가운데 하나였던 것이다. 더욱이 1581년에 스털링(Stirling) 노회는 모든 목사들이 '장로회로부터의 면허증'(lycence from the eldership)이 없이는 결혼예식을 금하도록 했다.[46] 그처럼 공신력을 가지고서 교회가 결혼을 승인하고 예식을 시행할 수 있도록 했던 것이다.

특별히 그러한 일련의 일들과 관련한 절차들의 상당부분이 장로
회의 목사가 담당하는 것이었기에, 그 승인과정에서 목사는 결혼 당
사자에 대한 상세한 정보를 파악하고 또한 판단하거나 조언할 수 있
는 목회적 계기가 존재했는데, 그러한 권한이 행정관청으로 이관되
어 있는 현대사회의 결혼제도는 신자들의 결혼이라 하더라도 결혼
당사자에 대해 상세하게 파악하거나 조언할 수 있는 목회적 계기가
거의 생략되어 있다. 현대적 결혼은 장로회(the eldership)를 통해
합법적인 절차를 거치는 것보다, 결혼 당사자들 스스로의 의지가 더
욱 중요하게 된 것이다.

그러나 이혼소송에 관한 조항은 제2치리서의 최종판에서 생략되
었다. 그것은 아마도 기본적으로 장로교회에서 이혼이 부정적임을
시사하거나, 이혼사유에 해당하는 일을 판단하는 것이 사법적 판단
과 중첩되어 관원들의 협조와 판단이 요구되기 때문이 아닐까 생각
된다.

한편, 로마가톨릭교회에서 결혼예식은 '성례'에 속하는 중요한 교
회의 기능 가운데 하나였다. 그러나 개혁파에 속하는 스코틀랜드 장

---

46) Stirling Presbytery Records, 22 Aug. 1581; cf., 7 Nov. 1581.

로교회에서는 결혼예식이 성례가 아니며, 다만 합법적으로 "묶고 푸는" 교회의(혹은 목사의) 권세 가운데에 속하는 일이었다. 그럼에도 불구하고 결혼의 승인은 목사 개인의 권한이 아니라, 장로회가 승인할 수 있는 것이었다.

　※ 결혼에 관련한 목사의 직무에 대한 더욱 자세한 내용은 웨스트민스터 공예배모범(1645)에서 더욱 상세히 파악할 수 있다.[47]

`12`

또한 일반적으로 목회자는 교회 안에서 교회일들(ecclesiastical affairs)과 관련된 모든 공적인 광고를 모든 회중 앞에서 한다. 이는 그가 이 모든 일에 있어 하나님과 사람 사이에서 전하고(messenger) 듣는(herald) 자이기 때문이다.

웨스트민스터 공예배모범(1645)에서도 볼 수 있듯이, 제2치리서에서도 교회 안에서 일어나는 일들에 관한 공적인 광고를 회중 앞에

---

47) 장대선, 『웨스트민스터 공예배모범 스터디』(서울: 고백과문답, 2018), 187-201을 참조하라.

서 하는 것은 목사에게 속한다.

한편, "이는 그가 이 모든 일에 있어 하나님과 사람 사이에서 전하고 듣는 자이기 때문"이라고 한 문구는, 윌리엄 구지(William Gouge, 1578-1653)의 『The Sabbaths Sanctification(London, 1641)』에서도 유사한 형태로 기록한 것을 찾아볼 수 있으니, 목사는 그가 서 있는 예배당(roome)에서 성도들을 향한 하나님의 입(the mouth of God)이다.……또한 목사는 회중의 마음을 하나님께 알려 드리는 하나님을 향한 성도들의 입(the peoples mouth unto God)이라고 한 것이 바로 그것이다.[48] 그리고 그렇게 하는 목적에 대해 구지는 "질서를 위해서"(which he doth for order sake)라고 했는데, 12항의 문구들 또한 바로 그러한 질서의 목적인 것이다.

⊕ point of view :

통상적으로 목사는 하나님을 향한 회중의 입이자, 회중을 향한 하나님의 입이다.

---

48) William Gouge, 3-4.

5장: 교사와 그들의 직무 및 학교에 관하여
(Of Doctors and Their Office, and of the Schools)

교사(the doctor, 박사)의 직분은 말씀의 사역을 하는 두 가지 일반적이고 영구적인 직분중 하나로서, 이들은 선지자(prophet), 감독(bishop), 장로(elder), 교리교사(catechiser)로 불릴 수 있으니, 이는 그들이 교리와 종교의 기초를 가르치는 선생이기 때문이다.

칼뱅은 교사(박사, the doctor)들에 대해 이르기를 교사들은 권징(disciplinae)을 하거나 성례를 집례하거나 경고하거나 권면해야 하는 책임을 지지는 않으며, 다만 성경을 해석하는 것(*scripturae interpretationi*)에 대해서 책임을 진다……그러나 목사의 직분은 이 모든 역할이 그 안에 다 포함되어 있다고 했다.[49] 마찬가지로 1574년의 총회(the general assembly)에서도 교회적인 직무에는 두 가지의 독특한 가르침의 직책, 곧 성경을 해석하는 교사(박사), 또한 설교하며 적용하는 목사의 두 가지 직분이 있음을 승인한바 있다.

이러한 직분, 혹은 직무의 구별은 각각의 직무에 집중할 수 있도록 하려는 배려, 특히 교사(박사)들이 "교리와 종교의 기초를 가르치는 선생"으로서의 역할을 더욱 충실하게 할 수 있도록 하려는 것

---

49) Calvin, iii, 4.

이라 하겠다. 그러므로 교사의 직분에 대한 성경과 교회사적인 근거는 "선지자(prophet), 감독[주교, bishop], 장로(elder), 교리교사(catechiser)"에서 찾을 수 있을지라도, 그들은 "교리와 종교의 기초를 가르치는 선생"으로서의 직무를 맡은 자로서 "일반적이고 영구적인 직분"으로 교회 안에 있는 것이다.

✚ point of view:

교회의 교사(박사)의 주된 목적은 교리와 종교(혹은 신앙)의 기초를 가르치는 데에 있다.

2

그의 직무는 목회자가 하는 것과 같은 어떠한 적용(applications)이 없이 단순히 성경을 통해서(in the scriptures) 성령(Spirit of God)의 마음을 여는 것으로, 이를 통해 신실한 성도가 가르침을 받고 건전한 교리를 배우며, 무지나 악한 의도로 인해 복음의 순수성이 부패되지 않도록 하기 위함이다.

칼뱅은 교사(박사)의 의무를 성경을 풀이하던 선지자들의 의무와 동일한 것으로 설명한다. 기독교강요 4권에서 칼뱅은 오늘날의 목사들이 신약성경의 사도들의 직분에 해당하듯이, 교사들은 선지자들의 직분에 해당한다고 했는데, 그러면서 이르기를 선지자의 직분은 그 뛰어난 계시의 독특한 은사(*singulare revelationis donum quo pollebant*) 때문에 더욱 두드러졌다. 그러나 교사의 직분은 성격상 이와 매우 비슷하며 또한 정확하게 동일한 목적을 지니고 있다고 했다.[50]

불링거(Heinrich Bullinger, 1504-1575)는 성경이 '감독'(bishop), '장로'(elder), '교사'(doctor)를 어떻게 교환하여 사용했는지를 논한바 있는데, 제2치리서 5장의 1항에서 언급한 "선지자(prophet), 감독(bishop), 장로(elder), 교리교사(catechiser)"의 맥락과 기본적으로 같다. 즉 그러한 직분이 담당하는 역할을 수행하는 직분인 것이다. 다만 건전한 교리를 가르치는 직무로서의 의미가 강조되는 것을 제2치리서의 "교리교사"라는 단어에서 알 수 있다. 그러므로 2항에서는 "이를 통해 신실한 성도가 가르침을 받고 건전한 교리를 배우며, 무지나 악한 의도로 인해 복음의 순수성이 부패되지 않도록 하기 위함"이라고 규정한 것이다.

한편, "그의 직무는 목회자가 하는 것과 같은 어떠한 적용이 없이

---

50) 앞의 책, iii, 5.

단순히 성경을 통해서 성령의 마음을 여는 것"이라는 문구는 교사직분에 있어서의 독특성을 말함이지, 차등을 언급하는 것은 아니다.

➕ point of view:

통상적으로 교사는 성경의 주해와 교리의 유지를 위한다. 따라서 일반적으로 교사는 설교사역을 감당하지 않는다.

3

그는 호칭 뿐 아니라 은사의 다양성 측면에서도 목사와 다르다. 교사는 지식의 말씀(word of knowledge)을 받아, 단순한 가르침을 통해 말씀의 신비를 푸는 일을 하고, 목사는 지혜의 은사(gift of wisdom)를 통해 상황에 따라 회중이 살아가는 생활에 대한 권면을 통해서 동일한 일을 하는 데 있는 것이다.

3항에서 알 수 있는 것은, 목사와 교사의 직분이 각각 구별되는 취지가, 결코 두 직분 사이의 차등을 주는 것이 아니라는 사실이다. 즉 "호칭 뿐 아니라 은사의 다양성 측면에서" 목사와 다른 것이지, 차등이 있는 것이 아니라는 말이다. 그러므로 "교사는 지식의 말씀을 받아, 단순한 가르침을 통해 말씀의 신비를 푸는 일을 하고, 목사는 지혜의 은사를 통해 상황에 따라 회중이 살아가는 생활에 대한 권면을 통해서 동일한 일을 하는 데 있는 것"이라고 이 항에서 규정한 것이다.

사실 1580년의 총회에서는 목사가 교사의 직분으로 이직하려면 목사의 직분을 포기하도록 했는데[51], 그것은 교사의 직무가 결코 소홀히 할 수 없는 중요한 직무였음을 시사한다. 교리문제에 있어서만큼은, 누구보다도 교사(박사)가 그 정확성을 엄중히 가리고 분별하는 역할을 했었던 것이다.

4

교사(a doctor, 박사)라는 이름과 직분을 통해, 우리는 패역한 나라 가운데 있던 유대인 그리고 그리스도인들 가운데 때때로 아주 신중하게 유지해 왔었던, 학교(schools), 단과 대학(colleges), 종합 대학(universities)의 질서(the order)를 이해할 수 있다.

4항에서 분명해지는 것은, 학교에서의 신학과 교리의 교육이 교사의 주요 직무라는 사실이다. 현대사회의 대학체제에서는 신학과

---

51) Acts of the General Assembly, vol. ⅱ, 469.

교리교육이란 전적으로 신학대학 혹은 신학대학원에서나 가능한 것이지만, 칼뱅의 제네바 시의 경우에서 알 수 있듯이 애초에 학교들의 주요목적은 신앙교육과 결코 무관했던 것이 아니다. 즉 학교에서의 신앙교육을 전담하는 직분이 바로 교사의 직분이었던 것이다.

이 점에 있어서 교사들은 신앙교육에 있어서, 특히 교리교육에 있어서 스코틀랜드 장로교회를 비롯한 여러 개혁파 장로교회들(프랑스, 제네바 등)이 고도의 전문성을 요구했던 것을 짐작할 수 있다. 1580년의 총회에서는 목사가 교사의 직분으로 이직하려면 목사의 직분을 포기하도록 했던 것에서 알 수 있듯이[52] 말이다. 다만 교사들은 교회에서 목사와 장로들과 협력하여 성경의 교리를 밝히 드러내는 일에 참여할 수가 있었다.

한편 "패역한 나라 가운데 있던 유대인"이라는 문구와 관련해서는, 교사 또는 해설자(interpreters)인 유대인 서기관들을 교회의 공적 교사들과 동일시했었던 칼뱅의 설명과 맥락을 같이 하는 언급이다. 즉 칼뱅의 설명에서 보자면, 교사직분의 성경적 기원은 선지자들뿐만이 아니라 유대인 서기관들에게도 적용될 수 있는 것이다. 아울러 "학교, 단과 대학, 종합 대학의 질서"라는 문구와 관련해서는,

---

52) 즉 두 직무를 겸할 수 있을 만큼, 교사의 직무나 목회의 직무가 지니는 책임과 의무가 결코 가볍지 않다는 것이다.

그 유례를 1541년과 특히 1561년의 제네바 시에서 사용했었던 '교회 법규'(*ordonnances ecclesiastiques*)에 근거한 것이다. 1561년 법규에 의하면 '교사'(*docteurs*)의 칭호는 '학교 교육직분'(*ordre des escoles*)이며, 이와 관련하여 규정하기를 목회자에게 가장 가깝고 또 교회 통치에 가장 밀접한 단계(***degré***)는 신학 강의로서 여기엔 구약과 신약이 있음이 좋을 것이다. 하지만 우선적으로 언어들과 인문과학으로 교육을 받지 않고는 이런 신학공부에서 유익을 얻을 수 없기 때문에, 그리고 우리 자녀들에게 황폐한 교회를 남겨두지 않도록 장래를 위한 씨를 뿌릴 필요가 있기 때문에, 자녀들을 교육시킬 콜레주(***Collége***)를 세워 목회사역과 시정부를 위해 그들을 준비시킴이 마땅할 것이라고 한 것에서 알 수 있듯이,[53] 학교, 단과 대학, 종합 대학의 질서란, 신학(혹은 신앙) 교육을 지향하고 있는 질서인 것이다.[54]

⊕ point of view:

교회의 교사(박사)는 신학자이다.

---

53) *Ordonnances ecclésisdtiques* de 1561, 박건택 역, 『칼뱅 작품 선집 Ⅶ』(서울: 총신대학교출판부, 2011), 649.
54) 안타깝게도 이후의 역사 가운데서 이러한 질서의 의도는 거의 완벽하게 붕괴되고 말았다.

교사는 앞서 말한 것과 같이 장로(elder)로서, 교회의 치리
(government of the kirk)에 속하여 목사를 도와야 하며, 모든 회
의(assemblies) 안에서 그의 동료인 장로들과 더불어 협력해야 한
다. 그러므로 (교회적인 사안들에 대해 유일한 판단을 해야 할 경우)
말씀을 해석하는 일(interpretation of the word)은 교사가 맡은 일
이다.

앞서 1항에서 분명히 교사의 직분에 대해 "이들은 선지자, 감독,
장로, 교리교사로 불릴 수 있"음을 규정했는데, 특별히 '장로'라 함
은, 교회의 연장자(elder)로서 교회의 치리에 관여함을 나타낸다. 따
라서 일반적으로는 목사와 다른 장로(치리장로)들과 협력하여야 하
며, 그 협력이란 다름 아닌 "말씀을 해석하는 일"인 것이다. 그러므
로 1563년 프랑스 개혁교회에서는 신학교수들이 총회(synods)의 구
성원으로 인정되었고, 대회(consistories)에도 위임될 수 있다고 결
정했다.[55]

그러나 칼뱅이 언급한 것처럼 교사와 목사, 그리고 교사와 치리장
로 사이에는 분명한 차이점이 있었는데, 교사들은 권징(*disciplinae*)

---

55) Quick, Sunodicon, I, 32.

을 하거나 성례를 집례하거나 경고하고 권면해야 할 책임을 부담하지 않고, 다만 성경을 해석하는 것(*scripturae interpretationi*)에만 책임을 진다. 말하자면 신자들 가운데 교리를 온전하고(*sincera*) 순수하게(*sana*) 지켜야 할 책임을 지고 있는 것이다.[56]

무엇보다 1561년 제네바 교회 법규(*ordonnances ecclesiastiques, 1561*) Ⅱ장에서 "교사들의 고유의 직무는 신자들을 건전한 교리로 가르쳐서 복음의 순수함이 무지나 잘못된 견해로 부패되지 않도록 하는 것이다. 그러나 오늘날 상황에 따라서 우리는 이 칭호를 하나님의 교리를 보존하기 위한 도구요, 또 목사들과 사역자들의 부족으로 교회가 황폐케 되지 않도록 도와주는 이들로 이해한다."[57]고 한 것에서 알 수 있듯이, "말씀을 해석하는 일은 교사"가 교회에서 책임져야 할 직무는 중요한 것이다. 특히 "교회적인 사안들에 대해 유일한 판단을 해야 할 경우", 즉 이단설의 문제와 같이 성경과 교리적인 정확한 판단을 내려야 하는 문제에 있어서 박사(a doctor)인 교사의 책무가 교회 안에서 막중한 것이다.

⊕ point of view :

교사는 교회의 사역을 돕는 자이다.

---

56) Calvin, Institutes, Ⅳ, ⅲ, 4.
57) *Ordonnances ecclésisdtiques de 1561*, 박건택 역, 『칼뱅 작품 선집 Ⅶ』, 649.

그러나 교사는 다른 질서로서(otherwise orderly) 부름을 받지 않는 한, 회중에게 설교를 하거나, 성례를 주관하거나 결혼 예식을 주관할 수 없다. 반면에 목사는 학교에서 학생들을 가르칠 수도 있으니, 이는 지식의 은사를 받은 목사(pastor)가 가르치는 일에 있어서 합당함을 이미 폴리캅(Polycarp)과 다른 사람들이 모범으로 보여주었기 때문이다.

"교사는 다른 질서로서 부름을 받지 않는 한, 회중에게 설교를 하거나, 성례를 주관하거나 결혼 예식을 주관할 수 없다."고 한 조항은 1560년 프랑스 개혁교회의 결정에서도 확인할 수 있는바, 프랑스 개혁교회에서도 일찍이 교회의 교사는 세례를 집례할 수 없고, 목사가 교사를 성례에 함께하도록 선임하지 않는 이상, 주의 만찬에서 수찬할 수도 없다고 했다.[58] 앞서 살펴본 바와 같이 그러한 규정은 이미 칼뱅에게서 기원하는 것으로서, 칼뱅 또한 일찍이 "교사들은 권징(*disciplinae*)을 하거나 성례를 집례하거나 경고하고 권면해야 할 책임을 부담하지 않"도록 한 것이다.

그러나 칼뱅은 교사가 교회에서 세례나 성찬을 집례할 수 없다는

---

58) Quick, Sunodicon, I, 15.

언급에 붙여 목사의 직분에는 이 모든 역할이 그 안에 다 포함되어 있다(*haec omnia in se continet*)고 했는데, 이 장의 6항에서도 동일한 규정을 기록하고 있는 것이다.

속사도 교부들의 폴라캅(Polycarp, 69-155?)의 순교에 관한 기록 xvi, 2항에서, 폴리캅은 사도적 선지자(apostolic prophet), 교사, 교회의 거룩한 감독(the Bishop)으로 묘사되었는데, 6항에서는 그처럼 "지식의 은사를 받은 목사"가 있을 수 있으며, 폴리캅이 바로 대표적인 인물인 것을 언급하고 있다. 그러므로 6항의 규정은 엄격하게 적용될 수 있는 금령이라기보다 권장할 규정이며, 전체적인 의도는 각자의 직무가 결코 가벼이 여기거나 겸할만한 것이 아니라는 사실을 명백히 하는 규정이며, 포괄적으로는 교사 또한 교회의 가르치는 직분으로서 동일한 직무를 담당하는 자인 것을 밝히고 있는 것이다.

6장: 장로와 그의 직무
(Of Elders and Their Office)

장로(elder)라는 단어는 성경에서 어떤 때는 연령의 일컬으며(the name of age), 어떤 때는 직분을(of office) 일컫는 말이다. 직분을 일컫는 경우에, 종종 연장자(seniors) 혹은 장로(elders)라 불리는 사람들처럼, 이들을 목사(pastors)와 박사(doctors)로서의 포괄적 의미로 이해하기도 한다.

　　루터는 '장로'(elder)라는 칭호에 대하여 헬라어에서 모호한 단어임을 언급하면서, 장로라는 단어가 사역자로서 사용될지라도 일반적으로는 나이가 많은 연장자를 의미하는 것이라고 했다.[59] 반면에 칼뱅은 루터와 달리 목사들과 교회정치를 위해 임명된 모든 자들이 장로들로 지정되었다는 견해를 취했다.[60] 물론 일반적으로 이들을 가리켜서 '장로'(presbyters or elders)라고 부르는 것은, 단순히 그들이 연장자이기 때문이 아니라 그들이 주로 나이든 자들 가운데 신중하고 진중하며 경험이 많은 자들이라는 점에서 택해졌기 때문이다. 즉 그들이 담당할 직무와 관련하여 택해지는 것이 '장로'의 직분인 것이다.

---

[59] Luther's Works, vol. 28, 350. James Kirk, The Second Book of Discipline with Introduction and Commentary, 191에서 재인용.

[60] Calvin, Comm. Catholic Epistles, 143.

그런데 칼뱅은 직분과 관련하여 딤전 5:17절에 근거하여 장로의 직분을 두 종류로 분류한다. 즉 "말씀으로 수고하는 자들"(*qui laborant in verbo*)과 "잘 다스리는 자들"(*qui tamen bene praesunt*)로 분류하는데, 잘 다스리는 자들로서의 장로는 말씀을 선포하지는 않으나 도덕적인 문제들을 감독하고 열쇠들의 모든 권세를 사용하도록 임명된 자들이라고 했다.[61] "직분을 일컫는 경우에, 종종 연장자 혹은 장로라 불리는 사람들처럼, 이들을 목사와 교사로서의 포괄적 의미로 이해하기도 한다"고 한 1항의 문구는 바로 그러한 분류를 따른 것이다.

➕ point of view:

기본적으로 목사, 교사, 치리장로가 모두 교회의 '장로'다.

---

61) Calvin, Institutes, Ⅳ, xi, 1.

이러한 분류 가운데서, 우리는 사도들의 예를 따라 장로를 주관하는 자(presidents) 혹은 치리자(governors)라 부른다. 그들의 직분은, 그것이 통상적(ordinary)인 것처럼 항존적(perpetual)이며, 따라서 하나님의 교회에 언제든지 필요한 직분이다. 장로직은 목회직(ministry)과 마찬가지로 영적인 직분이다. 장로가 합법적으로 그 직분에 부름을 받았다고 한다면, 하나님의 은사가 같은 실행을 위해 만난 것이기에, 다시 그 직분을 떠나서는 안 된다. 이러한 장로들의 수는 일정한 회중 가운데서 선택하며, 율법 아래서 레위인들이 성전에서 섬기던 것과 같이, 그들 중 일부는 합리적인 여지를 위해(for a reasonable space) 다른 사람과 교대할 수 있다. 각 회중의 장로들의 수를 제한할 수는 없으나 성도의 필요와 지경에 따라서 정해야 한다.

칼뱅은 롬 12:7-8절과 고전 12:28절에서 언급하고 있는 은사들, 즉 능력과 병 고치는 은사, 통역, 다스리는 것, 구제하는 것에 대해, 이것들 중 두 가지[능력과 병 고치는 은사, 통역]는 일시적인 것(temporaris)이라고 했고, 다른 두 가지, 즉 다스리는 일[치리장로의 직무]과 구제하는 일[집사의 직무]은 항구적(perpetuo)이라고 했다.[62] 그러면서 각 교회에는 처음부터 경건하고 진지하며 거룩한 사람들로부터 선택된 장로회(senatum)가 있었으며 이 모임은 잘못된 것들을 올바르게 시정해 주는 재판권(iurisdictio in corrigendis *vitiis*)을 가지고 있었다고 했다. 그러므로 통상적이며 항존적인 교회의 직분은 가르치며 다스리는[치리하는] 직분으로서의 '목사'와 '교사', 그리고 구제하는 직분으로서의 '집사' 외에, 다스리는 일을 주로 하는 '장로'의 직분이 통상적인 직분으로 항구적으로 남아 있어, 하나님의 교회에서 언제든지 그러한 직분(혹은 직무)들이 필요한 것이다.

그런데 다스리는 일을 주관하는 직분을 가리켜 "주관하는 자 혹은 치리자라 부른다" 하더라도, 그들의 직분은 어디까지나 목회직과 마찬가지로 "영적인 직분"(a spiritual function)이다. 그러므로 제네바 시에서는 '기도서'(Forme of Prayer's)에서 장로들을 목사들과 같은 그룹으로 묶어서 다뤘다. 목사가 영적인 직분임과 마찬가지로, 장로(치리장로) 또한 영적인 직분으로서 같은 다스리는 일을 수행하는 직분인 것이다.

사실 제1치리가 적용될 당시에 스코틀랜드 장로교회(1570)에서 장로들은 아이들의 신앙지식을 시험함에 있어서 목사들을 돕도록 되어 있었다고 한다.[63] 뿐만 아니라 1562년의 규정에 의하면, 목사들

---

62) 앞의 책, iii, 8.
63) Acts of the general Assembly, vol. I, 176. Janet g. Macgregor, The Scottish Presbyterian Polity, 130에서 재인용.

과 문제를 일으킨 장로로 하여금 치리회들에 참석하도록 계속적으로 권면했으나 불응할 시에는, 지역치리회의 훈계 후에, 그 목사가 당시에는 여전히 존재했었던 지역순회 감독에게 중재를 요청하도록 했으며, 그의 충고에 따라 심지어 출교할 수도 있었다고 한다.[64] 또한 1582년의 총회에서는 노회에서 치리권을 행사하기 위한 표결의 경우에 목사나 박사의 수보다 치리장로의 수가 적어야 한다고 규정했다.[65] 이로 보건대 치리장로는 기본적으로 목회자를 돕는 자로서 같은 교회의 영적인 직분을 담당하는 자인 것을 알 수가 있다.

한편, 치리장로의 임기와 관련하여 과거에 선거를 통해서 1년의 임기제로 세워졌는데, 이는 제네바 시에서 연례적인 조사를 통해 계속하여 시무할 수 있는지의 여부를 판단했었던 것에 영향을 받은 것이라 하겠다. 반면에 제2치리서에서는 "장로가 합법적으로 그 직분에 부름을 받았다고 한다면, 하나님의 은사가 같은 실행을 위해 만난 것이기에, 다시 그 직분을 떠나서는 안 된다"고 하여, 목사와 마찬가지의 임기를 적용한 것을 볼 수 있는데, 이는 프랑스 개혁교회가 교회의 허락이 없이는 장로직을 사임할 수 없도록 했던 규정을 따른 것

---

64) 앞의 책, 16.
65) Acts of the general Assembly, vol. II, 567. 맥그리거(Janet g. Macgregor)는 그의 책에서 그러한 규정이 제네바 시의 규정을 따른 것이라고 했는데, 치리장로들이 시의회가 파송한 자들이었다는 점에서 지나친 정부당국의 간섭을 예방하고자 하는 취지가 반영된 것이 아닌가 한다.

이다.[66] 사실 국가정치와 교회정치 사이의 관계를 규정한 1장의 맥락으로 볼 때에, 이는 고위 성직자나 정부당국에 의해서가 아니라 교회에서 자체적으로 세워진 치리장로의 직분을 굳이 임기를 두고 연례적인 조사를 통해 계속하여 시무할 수 있는지의 여부를 판단해야만 할 필요성이 없었기에, 그 같이 변화한 것이라 하겠다.[67]

"이러한 장로들의 수는 일정한 회중 가운데서 선택하며"라고 한 문구로 볼 때에, 교회의 치리장로가 교회에서 자체적으로 세워졌음이 분명하다. 특히 "각 회중의 장로들의 수를 제한할 수는 없으나 성도의 필요와 지경에 따라서 정해야 한다"고 한 문구로 볼 때에, 고위 감독자[주교]나 제네바 시에서의 경우처럼 정부당국에 의해 파송되는 것이 아니라, 성경의 맥락대로 지교회의 회중들이 자체적으로 판단하여 세운 것이 치리장로의 직분이었음을 분명하게 알 수가 있다.

---

66) Quick's Synodicon, vol. I. 5, 14, 66.
67) 한편 고전 12:28절에서 사도는 교회의 여러 직분들을 언급하기 전에 이르기를 "하나님이 교회 중에 몇을 세우셨으니"라고 했고, 또한 롬 12:6절에서도 교회의 직무들을 언급하기 전에 이르기를 "우리에게 주신 은혜대로 받은 은사가 각각 다르니"라고 하여, 교회의 직분이 교회 자체적인 하나님의 세우심에 따라 필요하게 된 것임을 언급한다. 뿐만 아니라 행 6:3절에서는 구제금을 분배하는 일을 맡을 사람 일곱을 택하되, "너희 가운데서……택하라"고 했다. 이처럼 성경에서는 공히 교회가 자체적으로 필요를 따라, 그리고 하나님의 공급하시는 은사를 분별하여 직분을 세우도록 한 것을 볼 수 있다. 그러므로 이러한 변화는 고위 성직자의 임명이나 정부당국의 파송에 의해서가 아니라 교회가 자체적으로 직분을 세우게 되는 표면적인 의미뿐 아니라, 성경의 원리에 더욱 충실한 의미로 잘 개혁된 예인 것이다

더구나 "그들 중 일부는 합리적인 여지를 위해 다른 사람과 교대할 수 있다"고 했으니, 제2치리서가 작성될 때에 스코틀랜드 장로교회에서는 교회 자체적인 필요와 판단에 따라 치리장로의 직분을 세웠던 것이 분명하다.

● point of view :

치리장로의 치리는 말씀과 관련되는 점에서 영적인 의미에서의 다스림이다. 그러므로 말씀 없이 치리의 일을 감당할 수 없다.

3

모든 장로가 말씀을 가르치는 선생일 필요는 없으나, 그럼에도 불구하고 그들이 그렇게 해야 한다면, 이 또한 참으로 명예로운 일이 다. 그들이 마땅히 행할 일에 관해서 우리는 하나님의 말씀이 나타내는바, 즉 사도 바울이 기록한 규정들(canons)을 따른다.

"우리는 하나님의 말씀이 나타내는바, 즉 사도 바울이 기록한 규정들을 따른다"는 문구는, 개혁자들이 높이 평가를 받지 못했던 사도적 관습들(the apostolic canons)과 클레멘스 로마누스(*Clemens romanus*)에게서 기인한 헌법들을 참고한 것이 아니라 목회서신에 명시된 표준(canons)이나 규정들(regulations)에 따른 것[68] 이라는 말이다. 그리고 이러한 맥락은 단순히 3항에만 국한된 것이 아니라, 제2치리서 자체가 지향하는 바라는 것을 1장 2항의 "하나님의 말씀에 근거를" 둔다고 하는 문구에서부터 연계되고 있다. 그러므로 제2치리서를 작성하는 취지와 맥락은 하나님의 말씀에 명시된 "표준(canons)이나 규정들(regulations)"에 따르는 맥락이라 하겠다.

한편, "모든 장로가 말씀을 가르치는 선생일 필요는 없으나, 그럼에도 불구하고 그들이 그렇게 해야 한다면, 이 또한 참으로 명예로운 일이다"는 문구는 딤전 5:17절의 "잘 다스리는 장로들은 배나 존경할 자로 알되 말씀과 가르침에 수고하는 이들에게는 더욱 그리할 것이니라"는 말씀을 적용한 것이다. 즉 모두가 말씀을 가르치는 장로일 필요가 없으며, 오히려 가르치는 장로와 별도로 교회의 치리[잘 다스리는 일]를 담당하는 장로가 있어야 함을, 또한 그럼에도 불구하고 장로들 가운데 별도로 말씀을 가르치는 직무를 감당하는 장로가 있어야 한다면 이 또한 교회의 잘 다스리는 장로의 직무와 같이 "참으로 명예로운 일"이라는 것이다.[69] 물론 그처럼 두 종류의 장로[말

---

68) James Kirk, 193.

69) 이러한 명예로움에 대해 칼뱅은 그의 디모데전서 주석에서(Calvin, Comm. Tim., 138-9) "바울은 앞에서 과부들을 존경하라고 명령한 바 있지만 장로들은 그들보다 더 존경을 받을 자격이 있으며, 그들과 비교할 때 곱절의 영예를 받아 마땅하다"고 했는데, 교회의 가르치는 직분인 목사[말씀을 가르치는 장로]의 직분이야말로 그처럼 곱절의 영예를 받아 마땅하다는 것이다.

씀을 가르치는 장로와 잘 다스리는 장로]가 구별되게 있어야만 하는
것은, 편리에 의한 것이 아니라 하나님의 말씀에 있는 표준과 규정
들을 따른 것이다. 즉 사도적 관습들과 클레멘스 로마누스(Clemens
Romanus, 재위 88-99)에게서 기인한 헌법들을 참고하여 언급하고
있는 것이 아니라, 목회서신에 명시된 표준이나 규정들에 따라 언급
하고 있는 것이다.

⊕ point of view :

목사, 교사, 치리장로 모두가 교회의 장로이지만, 특별히 말씀을
가르치는 목사의 직무는 특히 귀하다.

4

그들의 직무는, 여럿이 또한 연합하여, 성실하게, 공적으로 그리고
사적으로, 그들에게 맡겨진 무리(flock)를 돌아보아 신앙 혹은 회중
의 생활이 부패하지 않게 하는 것이다.

4항에서는 먼저 장로[특히 치리장로]에 대해 "여럿이 또한 연합하
여"(as well severally as conjunctly)서 "그들에게 맡겨진 무리를
돌아보"도록 하고 있다. 즉 여러 치리장로들에 의해, 그리고 목사와

박사, 치리장로들이 연합하여서 그들에게 맡겨진 무리를 돌아보도록 한 것이다.

사실 "여럿이 또한 연합하여"라는 말은 복수의 치리장로들과, 아울러 목사들과 연합하여 그들에게 맡겨진 무리들을 돌아보도록 함이다. 그러므로 '장로회'(Kirk Eldership) 혹은 '당회'(Kirk Session)를 구성하여 그들에게 맡겨진 무리를 돌아보아야 함이 분명하다. 제1치리서에서는 이를 '지교회치리회'(Consistory)로 호칭했었으나, 그 기본적인 개념은 제2치리서에 이르기까지 바뀌지 않고 이어졌다.

그런데 그들에게 맡겨진 무리를 돌아본다는 것은, "신앙 혹은 회중의 생활이 부패하지 않게 하는 것"을 일컫는다. 즉 무리의 필요를 파악하여 돌보는 의미보다는 감독하는 역할을 수행하는 것이다. 제1치리서에서 여전히 유지했었던 '지역순회 감독'(superintendent)제를, '노회'(Presbytery)제도로 대치한 것에서도 알 수 있듯이, 장로교회에 있어서 감독, 혹은 치리는 여럿의 장로들에 의해, 그리고 또한 목사와 연합한 치리회인 당회를 통해 수행되도록 계승되어 왔다.

⊕ point of view:

목사, 교사, 치리장로가 모두 교회의 치리자들이다. 그러므로 그들이 무리를 돌보는 일을 담당한다. 즉 설교와 가르침과 돌봄(치리)이 모두 장로들에 의해 이루어지는 것이다.

목사와 박사들이 말씀의 씨앗을 뿌리고 가르치는 일에 성실해야 함과 마찬가지로, 장로들도 사람들 가운데서 동일한 결실을 할 수 있도록 주의를 기울여야 한다.

이는 목사가 주님의 만찬으로 나아오는 자들을 면밀히 살필 수 있도록 돕는(to assist) 것과, 병자를 심방하는 것(visiting)이다.

1618-1619년 도르트(Dordrecht) 총회에서 받은 교회 정치 질서(ACTA)에서는 장로의 직무에 관해 장로들의 직무는 유익한 조언과 권고로 말씀봉사자들을 돕도록[70] 언급했으며, 또한 웨스트민스터 장로교회 정치 형태와 목회자 임직에 관한 문서 또한 "교회를 다스리는 다른 사람"이라는 소제목 가운데서, 치리장로에 대해 "그 사람은 목회자와 공동으로 교회정치를 해야 한다"고 언급하고 있다. 6항의 "목사가 주님의 만찬으로 나아오는 자들을 면밀히 살필 수 있도록 돕는 것"이라는 말은, 바로 그 같은 맥락의 문구다.

---

70) 허순길,『개혁교회 질서 해설』(광주: 셈페르 리포르만다, 2017), 213.

제2치리서가 '장로'라는 직분에 대해 다루면서 말씀을 가르치는 직분으로서의 장로를 함께 통상적으로 다루는 것에서 알 수 있듯이, 목사와 교사, 그리고 치리장로는 모두 함께 '장로'(elder)라 통칭될 수가 있다. 즉 그들의 각각의 직무는 함께 유기적으로 연합되어 있는 것이다.[71] 그러므로 5항에서 언급하는 것처럼 "목사와 박사들이 말씀의 씨앗을 뿌리고 가르치는 일에 성실해야 함과 마찬가지로, 장로들도 사람들 가운데서 동일한 결실을 할 수 있도록 주의를 기울여야" 하는 것이다.[72]

특별히 6항의 "목사가 주님의 만찬으로 나아오는 자들을 면밀히 살필 수 있도록 돕는 것"이라는 문구에서 알 수 있듯이, 치리장로들은 성찬에 앞서 회중들의 경건을 살피고 감독하여 주님의 만찬에 나아오는 자들이 경건하게 예비되도록 하는데 있어서 중대한 직무를 담당하는 직분이다. 그러므로 개혁교회들에서는 성찬이 있는 주간에 필수적으로 치리장로들이 각 가정을 심방하여 주의 만찬에 대한

---

71) 칼뱅이 기독교강요 4권에서 교회론을 다룰 때에 '장로'라는 호칭과 관련하여 가르치는 직분과 다스리는 직분으로서, 그리고 다스리는 직분으로 구별하면서도 함께 장로로 호칭할 수 있다고 언급하는 것은, 바로 이러한 맥락이다.

72) 이와 관련한 말씀으로 고전 3:6-8절을 들 수 있다. 바울이 자신을 '심은 자'로, 아볼로를 '물 주는 자'로 칭하면서 "심는 이나 물 주는 이는 아무 것도 아니로되 오직 자라게 하시는 이는 하나님뿐이니라"고 하면서도, 8절에서 "심는 이와 물 주는 이는 한가지이나 각각 자기가 일한 대로 자기의 상을 받으리라"고 했으니, 말씀을 뿌리는 목사와 결실할 수 있도록 주의를 기울이는 치리장로는 각각 한가지로 자라게 하시는 하나님 안에서 열심을 다함인 것이다.

예비와 준비를 잘 하도록 감독하는 역할을 수행하도록 했다. 마찬가지로 병자들의 심방에 있어서도 치리장로의 역할이 중요하며, 경우에 따라서는 성찬 심방과 병자 심방의 안건을 당회에서 논의하여 목사와 함께 대책을 세우거나 대처할 수 있도록 했다.[73] 그처럼 목사와 치리장로가 "한가지"(고전 3:8)로 돕는 것이 장로교회의 치리에 있어서 중요한 부분이다.

⊕ point of view:

장로(치리장로)의 직분은 목회사역을 돕는 직분이다.

---

73) 웨스트민스터 총회를 통해 산출하고, 1647년에 스코틀랜드 장로교회 총회에서 인준하여 채택한 가정예배모범(The Directory for Family Worship)에서는 서론에서 "개교회의 목사(사역자, ministers)와 치리장로(ruling elders)들이……가정예배를 소홀히 한다면……성찬을 받기에 합당치 못한 자로 간주되고 이를 뉘우치고 돌이키기까지 성찬참여를 금함이 마땅하다"고 규정하고 있다. 장대선,『교회를 세우는 가정예배』(서울: 고백과문답, 2017), 15-6.

그들은 회의를 주관하되(They should cause the acts of assemblies), 지교회와 지방교구 혹은 일반적인(as well particular as provincial or general) 사안들을, 특별히 주의하여 다루도록 해야 한다.

7항에서 "회의를 주관"하는 것이 무엇인지 불분명하게 보인다. 다만 이 장(Chapter)이 장로들에 관한 장이므로 여기서 말하는 "그들"(They)이란 장로들이라 할 것인데, 앞서 1항에서 "장로(elder)라는 단어는……목사와 박사로서의 포괄적 의미로 이해하기도 한다"고 한 문구 가운데서 알 수 있듯이, 이 장에서 장로란 포괄적 의미에서 치리(다스림)만을 담당하는 장로와 말씀의 가르침과 치리를 함께 담당하는 장로 모두가 "여럿이 또한 연합하여"서로 도움으로 감당할 직무를 지닌 자들이다.

그러나 "장로회 및 회의 그리고 치리에 관하여" 다루고 있는 7장의 1항에서 "장로회와 회의들은 일반적으로 목사, 박사로 구성되고, 흔히 우리가 말하는 장로들은 말씀과 교리를 맡은 자가 아니"라고 했고, 또한 6항에서 "모든 회의(assemblies)의 최종 목적은 첫째로, 종교와 교리가 흠이나 타락 없이 순수성을 지키는 데" 있다고 하여, "말씀과 교리를 맡은 자"가 아닌 "흔히……말하는 장로들"이 아니라 말씀과 교리를 맡은 자로서의 장로 가운데서 '의장'(moderator)을 세워 회의를 조정하는 것임을 알 수가 있다.[74] 하지만 "그들", 즉 장로들로서 함께 회의를 주관하도록 했으니, 목사가 회의의 의장으로서 회의를 조정하고, 치리장로들 또한 회의를 준비하고 참여하여 함께 논의하는 것이다.

한편 그러한 회의의 범위(규모)와 관련하여서는 "지교회와 지방교구 혹은 일반적인 사안들"이라는 문구에서 알 수 있듯이, 지교회(particular), 지방(provincial), 그리고 더욱 넓고 일반적인 범위(general)로서 단계적으로 확장된다. 일반적으로 이를 당회(Eldership), 노회(Presbytery), 대회(Synodal Assembly)와 총회(General Assembly)로 구별할 수 있다.

---

74) 웨스트민스터 장로교회 정치 형태와 목회자 임직에 관한 문서(1645)에서도 3장 1항에서 "이 모임[회의]에서 그 직무는 말씀과 교리에서 수고하기로 되어 있는 목사가 그 회의과정에서 의견을 조정하는 것이 가장 사리에 맞다"고 했다.

8

그들은 복음의 규율(rule)을 따라 자신이 맡은 회중을 권면하는 일에 부지런해야 한다. 그들에 대한 개별적인 권면으로 교정이 되지 않는 경우에는, 장로회(assembly of the eldership)에서 논의하도록 한다.

4항의 규정들과 다소 중첩되는 듯한 이 항에서는, 그러나 돌아볼 (to watch) 뿐 아니라 더욱 권면(admonishing)하는 것에 관하여 규정하고 있다. 더욱이 "부지런해야 한다"고 하여, 권면하는 것이 궁극적으로 잘못이 시정되고 교정되기까지 열심과 진심으로 이뤄져야 함을 언급하고 있다.

무엇보다 8항은 마 18:15-17절 말씀에 기록하고 있는 바와 같이 은밀하게(15절), 그리고 사적으로(16절)와 공적으로(17절) 권면하도록 했으니, 7항에서 언급한 치리회의 단계적 확장과 같이 8항에서도 개별 교회에서의 치리 또한 단계적으로 확장되도록 규정하고 있다. 이로 보건대 단계적 회의체들과 개별 지교회에서의 단계적으로 확장되는 권면의 의도가 "권면하는 일에 부지런" 함에 있는 것임을 알 수 있다. 즉 어떻게 해서든 권면하여 시정하고 교정할 수 있도록 하려는 데에 그 의도와 목적이 있는 것이다.

치리장로의 주된 직무는 회중을 돌아보는(살피는) 것이다.

9

그들의 중요한 직무는 건전한 질서를 세우고, 치리를 시행하기 위해 (그들의 수가 얼마이든지) 목사와 교사(doctors)와 더불어 회의를 정하는(to hold) 것이다. 회의(assemblies)에 참여한 모든 자들은 그들의 의제의 범위(bounds)에 다함께 참여해야 한다.

여기서 모든 장로들(목사와 교사, 치리장로)의 중요한 직무가 개별 교회의 회중을 돌아보고 권면하는 권징의 성격만이 아니라, 전체 교회(개별 교회뿐 아니라 노회 및 총회적으로)의 질서를 세우고 치리를 시행하기 위한 회의를 정하는 것에까지 이름을 규정하고 있다.

특별히 그러한 회의에 참여함에 있어서 모든 장로들은 그들이 다루는 의제의 범위를 넘어가거나 무관심함이 없이, 다함께 동참하도록 규정하고 있어서, 마치 개별 교회의 치리와 권징을 위한 당회 혹은 노회에서 열심히 당사자를 권면하여 교정될 수 있도록 노력함과 같이, 전체 교회의 질서를 세우고 치리를 시행하기 위한 회의에 있어서도 모인 "그들의 수가 얼마이든지" 간에 성실하게 동참하도록 했다.

7장: 장로회 및 회의 그리고 치리에 관하여
(Of the Elderships, and Assemblies, and Discipline)

장로회(Elderships) 혹은 회의들(assemblies)은 일반적으로 목사, 교사(doctors)로 구성되고, 흔히 우리가 말하는 장로들(elders)은 말씀(word)과 교리(doctrine)를 맡은 자가 아니며, 그들에 관해, 그리고 그들이 가진 몇 가지 권세는 이미 언급했다.

1항에서 언급하는 '장로회'(Elderships)란 오늘날의 당회(Kirk Session)와 노회(Presbytery)와 같은 치리회를 말하며, 회의들(assemblies)은 그보다 큰 대회(Synodal Assembly)나 총회(General Assembly)등의 전국적 회의체를 일컫는 말이다.

그런데 흔히 '치리장로'(Ruling Elder)라 불리는 장로들은 이러한 치리회와 회의들에 참여하되, 회의에 있어서 중심적인 역할은 목사(Pastor)와 교사(Doctor)들에게 있음을 1항에서는 "일반적으로"(are commonly)라는 표현 가운데서 "목사와 교사들로 구성"된다고 규정하고 있다. 왜냐하면 치리장로들은 "말씀과 교리를 맡은 자"가 아니기 때문이다. 그들의 주된 역할과 권세에 대해서는 6장 5항과 6항을 참조해야 한다.

✚ point of view:

장로회의 회의는 기본적으로 목사와 교사를 중심으로 이뤄진다.

회의(Assemblies)에는 네 종류가 있다. 지교회(particular kirks)와 회중에 속한 것으로서 하나 혹은 그 이상이 있고, 지방(province)에 속한 회의, 나라 전체(whole nation)에 속한 회의, 혹은 예수 그리스도를 고백하는 열방의 모든 나라(diverse nations)에 속한 회의가 있다.

2항에서 언급하는 "지교회[개별 교회]와 회중에 속한……하나 혹은 그 이상"의 회의란, '당회'(Kirk Session)와 더불어서 '성경토론회'(Exercise) 혹은 '성경해석을 위한 주례회동'(Weekly Assembly of the interpretation of Scripture) 등을 일컫는데, 제1치리서에서는 후자를 가리켜 '지교회치리회'(Consistory)라 지칭했다. 하지만 제2치리서에서 언급하는 성경토론회는 성경해석을 위한 주례회동의 성격이었으며, '제네바 목사회'(the Company of Pastors of Geneva)가 대표적이다.

또한 장로교회의 회의에는 그처럼 개별 교회인 지교회와 회중에 속한 치리회(Consistory)와 더불어서, 지역 혹은 지방(province) 규모의 관할에 속한 회의들이 있다. 그러므로 이러한 회의는 '대회'(Synodal Assembly)적인 성경으로서, 흔히 '지방 대회'라고 칭하기도 한다.

뿐만 아니라 2항에서 언급하는 장로교회 회의에는 나라 전체에 속하는 규모의 회의도 있으니, 이를 흔히 '총회'(General Assembly)라 한다.

무엇보다 2항에서는 "예수 그리스도를 고백하는 열방의 모든 나라에 속한 회의"를 언급하고 있다. 즉 범세계적인 교회 회의까지 언급하여, 하나의 교회로서의 공교회(Catholic Church)가 가시적으로 구현되도록 하고 있다. 그러므로 네 종류, 혹은 네 단계의 회의들은 서로 예속관계로 연계되어 있다.[75]

---

75) 웨스트민스터 장로교회 정치 형태와 목회자 임직에 관한 문서(1645) 4장 4항의 대회에 관한 규정을 보면 전체 문장들의 말미에서 "교회정치에 관련해서 당회와 노회와 지방 대회와 국가 대회에 종속관계가 있다는 것은 합법적이고 하나님 말씀에 합치한다."고 명시하고 있다. 정성호,『웨스트민스터 총회의 문서들』(서울: 개혁주의 성경연구소, 2018), 229.

모든 교회적 회의들(ecclesiastical assemblies)은 그들의 책임 하에 있는 교회에 관한 일을 처리함에 있어 합법적으로 회의를 소집할 권한이 있다. 회의를 열 장소와 시간을 정할 수 있고, 정해진 모임의 식단, 시간, 그리고 다른 것들을 정할 수 있다.

이전까지 교회 회의들을 소집하거나 확정할 수 있는 권한이 로마가톨릭교회의 교회에게 있거나, 국가의 왕에게 있는 경우들과 달리 제2치리서는 적극적으로 교회 회의를 소집하고 주관하는 권한이 회의 자체에 있음을 명백히 밝히고 있다. 그러므로 회의의 의장 또한 회의 시에 선출했고, 심지어 "회의를 열 장소와 시간을 정할 수 있고, 정해진 모임의 식단, 시간, 그리고 다른 것들"까지 회의와 관련된 제반사항들을 전부 회의 안에서 자체적으로 주관하도록 한 것이다.

➕ point of view:

장로교회의 회의에 있어서 그 소집권은 기본적으로 장로회 자체에 있다.

4

모든 회의에서 의장[moderator, 소집된 회원의 다수결로 선출]은 안건을 제시하고, 표결을 하며, 회의체의 명령을 시행하도록 하는 역할을 한다. 의장은 오직 회의에서 교회의 일만이 거론되도록, 그리고 세상 재판권(the civil jurisdiction)에 속한 그 어떤 일도 간섭하지 않도록(no meddling) 성실히 역할을 해야 한다.

모든 회의에 있어서 성경을 해석하기 위한 회의의 의장의 필요는 1560년에 치리서(the Book of Discipline)에 의해 규정된 바 있으나, 실제적으로 회의 기간 동안에 공동의 동의에 의해 선출된 의장의 임명은 1563년부터 기록에서 찾아볼 수 있다.[76] 그러므로 표결에 의해 소집된 회원들의 다수결로 선출하는 회의의 의견 조정자(moderator)로서의 의장은 이미 제2치리서가 작성되기 이전부터 시행되어 왔음을 알 수 있다.

이처럼 장로교회의 회의에 있어서 자체적으로 선출된 의견 조정자로서의 의장직을 운용한 것은, 3항에서 언급한바 회의 자체에 합법적인 소집권이 부여된 것으로 보는 맥락 가운데서 가능했던 것이다. 그러므로 그러한 장로교회의 회의들은 외부적인 어떤 압력이나

---

76) cf., Knox, Works, iv, 179

조정이 없이, 그 자체적인 회의에 의해 결론과 명령을 발생시키는 것이 기본적인 원칙이다. 즉 회의의 모든 합법적인 권세는 회의 자체에서 발생하는 것이다. 이를 위해 의장은 "세상 재판권에 속한 그 어떤 일도 간섭하지 않도록 성실히 역할을 해야"하며, "안건을 제시하고, 표결을 하며, 회의체의 명령을 시행하도록 하는 역할"을 하도록 4항은 규정하고 있다.

뿐만 아니라 4항에서는 의장이 "회의에서 교회의 일만이 거론되도록" 해야 함을 명시하고 있다. 즉 교회 회의의 안건은 교회적인 문제들에 대한 것이지, 결코 국가 관원의 고유한 영역과 권세에 관련되기까지 확장된다거나, 혹은 국가 관원의 권세에 영향을 받도록 하는 어떠한 주제나 문제도 끌어오지 말아야 하는 것이다. 실제로 1576년 총회에서는 다수결의 표결에 의해 회의 기간 동안에 유효한 의장을 선출했으며, 1591년 로티언 대회(the Synod of Lothian)에서는 선출직인 의장을 한 노회에서 다른 노회로 회기마다 변경하도록 결정한바 있다.[77] 즉 회의 자체의 결정 외에 다른 개입의 여지와 오용이 없도록 하기 위하여, "오직 회의에서 교회의 일만이 거론되도록, 그리고 세상 재판권에 속한 그 어떤 일도 간섭하지 않도록 성실히 역할을" 수행하도록 했던 것이다.

---

77) Synod of Lothian, 20-23.

장로회의 의장은 기본적으로 특별한 권한을 갖지 않으며, 회의의
의사진행을 맡을 뿐이다.

5

여러 회의는 회원 중에서 한 명 혹은 그 이상의 시찰자(visitors)
를 보내어 그들의 관할권 안에서 합법적으로 모든 일이 진행되는지
돌아볼 권한이 있다. 한 사람이 많은 교회를 시찰할 권한은 일반적
인 교회의 업무상 없다. 감독[bishop, 혹은 주교]이라는 이름이 오
직 이런 시찰자에게만 붙는 것은 아니며, 오직 한 사람으로 제한하
지 않지만, 필요에 따라 자격 있는 사람을 파송하는 것 또한 장로회
(eldership)의 역할이다.

5항은 주로 '시찰'(Visitation)에 관하여 언급하고 있다. 여기에서
도 알 수 있듯이, 제2치리서가 규정하고 있는 장로교회 정치는 지교
회 자체로(개별적으로) 완전한 교회가 아니라 상위의 치리회에 예속
(혹은 연계)된 형태의 교회론과 정치를 이루고 있다. 앞서 2항에서
언급한 "예수 그리스도를 고백하는 열방의 모든 나라에 속한 회의"에
이르기까지, 공교회적인 교회론이 가시적으로 형태를 잡는 것이 바

로 상위의 회의에 예속(a subordination)된 형태로서의 장로교회 정치 형태인 것이다.

그러므로 그러한 장로교회 정치 형태에 있어서 시찰이 필연적이다. 과거의 '지역 순회 감독'(Superintendent)을 대치하는 '노회'(Presbytery)제도가 도입되었을지라도, 시찰자(visitors)에 의한 시찰을 통해, 지교회들을 돌아보도록 한 것이다.

하지만 그러한 시찰자는 개별 교회들에 대해 개별적으로 보내졌다. 즉 "한 사람이 많은 교회를 시찰할 권한은 일반적인 교회의 업무상 없"도록 한 것이다. 이 점에서 지역 순회 감독자의 운용방식과 시찰자의 운용방식이 차이를 지닌다. 즉 지역 순회 감독자들은 한두 명이 정기적으로 일정한 지역을 순회하며 교회들을 지도하며, 때로는 방문하는 지역의 대리 행정권을 행사하기도 했었던 것이다.

끝으로 5항에서는 "감독이라는 이름이 오직 이런 시찰자에게만 붙는 것은 아니며, 오직 한 사람으로 제한하지 않"으며, 다만 "장로회(eldership)의 역할"에 의해 이뤄진다고 규정하여, 감독 직분의 권세(혹은 권위)가 직무를 넘어서지 않음을 나타내고 있다. 즉 직분 자체가 중요한 것이 아니라 직무가 중요한 것이다. 그러므로 1560년대부터 이미 감독의 권한은 모든 감독자들(Superintendents)과 사역자들(ministers)에게 주어졌으며, 하급 법원(the subordinate courts)에서의 권한 또한 개별적으로 혹은 공동으로 특정 개인에게 위임할 수 있었다.[78] 따라서 시찰은 특정 직분에 대한 개인적인 권세가 아니라, 특정 직무에 부여되는 권세임이 분명하다.

➕ point of view:

시찰의 권한은 시찰자에게 있는 것이 아니라 노회에 있다.

6

모든 회의(assemblies)의 최종 목적은 첫째로, 종교와 교리가 흠이 나 타락 없이 순수성을 지키는 데 있으며, 둘째로, 교회 안에 질서와 안정을 지키고자 함이다.

6항의 규정과 관련해서는 이미 교회 정치와 세상 정치 사이의 차이점을 다룬 1장에서 전반적으로 그 근거가 제시된바 있다. 특히 2항에서 "교회는 하나님께서 부여하신 특정한 권세가 있으며, 교회는 온 교회의 평안을 위해 정당한 재판과 치리에 있어서 그 권세를 사용

---

78) James Kirk, 15.

한다. 이러한 교회의 권세는……하나님의 말씀에 근거를 두니, 하나님의 영적 다스림으로 적법하게 부르심을 받은 자들이 이 권세를 행사한다"고 한 문구 가운데서 교회 회의의 목적에 관한 기초적인 근거를 확인할 수가 있다.

하지만 그러한 기초를 바탕으로 6항에서는 "모든 회의의 최종 목적"이 "종교와 교리가 흠이나 타락 없이 순수성을 지키는 데" 있음을 규정하고 있다. 이는 스코틀랜드 신앙고백(1560) 제20조에서 이미 찾아볼 수 있는 문구로서, 제20조에서도 "공의회(General Councils)가 소집되는 이유는……부분적으로는 후세대에 자신들의 신앙을 공적으로 고백한 것에 대한 이단의 혼란을 대비함"[79]이라고 했다. 그러면서 "우리는 이것이 공의회의 주요한 소집 이유라고 판단한다"고 했다.

또한 6항은 모든 회의들의 두 번째 목적에 대해 "교회 안에 질서와 안정을 지키고자 함"이라고 했는데, 스코틀랜드 신앙고백 제20조에서도 유사하게 이르기를 "다른 하나는 훌륭한 정치와 질서가 교회에 세워지고 확인되도록 하기 위함"이라고 했다. 그런즉 교회 회의들의 궁극적인 목적은 바른 교리와 종교가 확립됨을 바탕으로 하는 질서 가운데 교회가 서도록 함인 것이다.

---

79) James T. Dennison JR, Vol 2. 200.

장로교회의 회의들의 기본적인 목적은 진리(교리)의 확립과 질서
에 있다.

7

이런 상황을 고려하여, 그들은 교회의 모든 회원들이 각자의 소
명(vocation)에 따른 선한 행동규범과 관련된 법규(rules)와 규례
(constitutions)를 만들 수 있다.

칼뱅(Jean Calvin)과 베자(Theodore Beza)는 공히 교회가 스
스로의 법규를 제정할 수 있는 권리를 지닌다고 보았다. 마찬가지
로 스코틀랜드 총회는 1560년부터 이미 교회의 입법권을 부여했
고, 하급 법원(subordinate courts)에 이에 관한 문제를 제기했었
다. 그러므로 스코틀랜드 제2치리서가 작성될 때에는 교회 회의들
(assemblies)이 자체적으로 법규(rules)와 규례(constitutions)들을
제정할 수가 있었던 것이다.

이러한 입법권은 이미 프랑스의 지방대회(Provincial Synod)에
있었던 것으로, 프랑스 지방대회에서는 대회 자체적으로 지교회들

의 질서와 신앙의 순수성을 유지할 목적의 규칙들을 제정하고 있었다.[80] 제2치리서의 7항은 그러한 프랑스 대회의 경우와 흡사하다

8

그들은 사람들이 오용하고, 시대와 맞지 않고, 유익하지 않으며 해롭다고 판단된 교회적(ecclesiastical) 문제에 관한 모든 규정과 명령을 폐기하고 폐지할 권한이 있다.

이러한 회의들은 입법권뿐 아니라 교회가 스스로 제정했으나 "사람들이 오용하고, 시대와 맞지 않고, 유익하지 않으며 해롭다고 판단된 교회적 문제에 관한 모든 규정과 명령을 폐기하고 폐지할 권한이 있다"고 8항은 규정하고 있다. 물론 8항에서 규정하는 것은 하나님의 명백한 말씀(expressum Dei verbum)을 포함하여 규정하는 것이 아니다.[81] 오히려 종교와 교리가 흠이나 타락 없이 순수성을 지키는 데 있으며, 둘째로, 교회 안에 질서와 안정을 지키고자 교회가 각자의 소명에 따라 선한 행동규범과 관련된 법규와 규례를 만든 것

---

80) Quick's Synodicon, vol. I, 35.
81) Calvin, Institutes, Ⅳ, viii, 1

을 일컫는다. 오히려 스코틀랜드 신앙고백(1560) 제20조에 명시한 바 "공의회의 이름 아래에 있는 사람들이 신앙에 관한 새로운 신조를 만들거나 하나님의 말씀에 위배되는 결정을 내린다면, 우리는 그것들이 우리 영혼을 유일하신 하나님의 목소리로부터 끌어내는 마귀의 교리와 같은 것으로 여겨 거절해야 한다"고 함과 같이, "사람들이 오용하고, 시대와 맞지 않고, 유익하지 않으며 해롭다고 판단된 교회적 문제에 관한 모든 규정과 명령을 폐기하고 폐지할 권한이" 회의들 가운데 부여되어 있는 것이다.

➕ point of view:

장로교회의 회의는 결코 무오(errorless)하지 않다.

9

그들은 교회의 정책과 선한 질서를 모욕하고 범법한 모든 자를 교회적(ecclesiastical)으로 치리하고 처벌을 할 수 있는 권한이 있다.

뿐만 아니라 이러한 회의들은 그릇되고 오용된 규정과 명령들을 폐기하고 폐지할 뿐만 아니라, "교회의 정책과 선한 질서를 모욕하고 범법한 모든 자를 교회적으로 치리하고 처벌을 할 수 있는 권한"도 부여되어 있다. 물론 그러한 권한은 사법적인 것은 아니고, 어디까지나 영적인 것이다.

그러므로 "교회적으로 치리하고 처벌"한다는 것 역시, "재판의 형식을 통해 상호 동의하에 행사"(제2치리서 1장 3항)되는 것을 말한다.[82] 이를 위해 하나님의 말씀으로 "형제를 깨우치"(딤전 4:6)며, 하나님의 규례와 계명으로 "명하고 가르치"(딤전 4:11)는 것이 항상 수반되어야만 하는 것이다.

---

82) 이 부분에서 제2치리서 1장 15항의 "관원은 교회의 재판을 돕고, 유지하고 강화해야 한다"고 한 문구를 생각해보자. "목회자는 영적인 칼과 영적인 수단들로서 순종을 요구"(1장 13항)하기 때문에, 교회 회의의 치리나 처벌을 인정하지 않고 수용하지 않을 경우에는, 15항의 규정이 적용될 수 있어야 한다. 그러므로 이미 제네바의 1561년 교회 법규를 보면, "교리 상 어떤 상이점이 있을 경우, 목회자들은 그 문제를 함께 다루고 논의한다. 다음으로 (필요할 경우) 그들은 정부당국(Seigneurie)이 위임한 자들과 장로들을 불러 분재 완화를 돕게 한다. 마지막으로 어느 한편의 고집 때문에 우애적인 화합에 이르지 못할 경우, 소송은 위정자(Magistrat)에게로 넘어가 결정된다."(박건택,『칼뱅 작품 선집 Ⅶ』(서울: 총신대학교출판부, 2011), 643.)고 했다. 이처럼 교회의 권세와 관원들의 권세는 "모두 하나님께 속한 것이며 그 목적은 하나로서, 바르게 사용한다면 이는 하나님의 영광을 더 높이는 것이 되고 경건하고 선한 백성들을 증대시키는 결과를 낳"(1장 4항)아야 하는 것이다. 그러나 당장에 이러한 맥락을 재현하기에는 무수한 어려움이 산적한 것이 현실이다.

비록 회의가 개별 회중(particular congregations) 안에 소속되어 있다 할지라도, 첫 번째 종류와 성질의 회의는 상호 동의(mutual consent)하에 교회의 권세(power), 권위(authority) 및 재판 (jurisdiction)을 행할 수 있으며, 그 결과로 이 모든 일들은 교회의 이름으로 행사한다. 개별 회중의 장로(elders)라 함은 각 교구 (parish)가, 특히 내륙[격오지]의 경우, 각각의(particular) 교구를 가져야만 한다거나, 가질 수 있는 것이 아니라 셋 혹은 넷, 아니면 더 많은 수이거나 더 적은 수이거나 간에, 개별 교회들(particular kirks)은 그들의 교회적인 소송들(ecclesiastical causes)을 판단하기 위해 한 장로회(one eldership)를 공동으로 운용할 수 있다. 비록 이러한 조건이 맞는다 해도, 여러 장로들은 각각 특정 회중에서 선발하며, 이들은 공동의 회의(common assembly)에서 나머지 형제들과 상의한 후 각기 그들의 교회 앞에 범법 행위를 공포한 후 회의에 회부한다. 우리는 이를 도시와 유명한 곳에 장로(elders)나 연장자 (seniors)들의 대학이 세워졌던, 초대교회의 관습에서 찾는다.

개별 회중 가운데서의 회의(assembly) 또는 장로회(eldership)라 함은 교회의 '당회'(session)와도 일치하며, 그러한 당회는 제한적으로 교회적인 재판소(court)와 같은 기능을 일부 담당하기도 하는데, 일반적으로 그 때에 집사(deacons) 직분까지 포함하지는 않았다. 즉 개별 회중의 장로들에 국한한 것이다. 10항의 첫 단락은 바로 그러한 의미를 담고 있다.

특별히 첫 단락의 "상호 동의하에"라는 문장에서 알 수 있듯이, 교리적이고 신앙적인 신뢰와 이를 바탕으로 하는 동의를 전제로 해야 한다. 그러한 권세(power)와 권위(authority)가 전제될 때에 비로소 권위있는 재판과 판결이 가능한 것이다. 아울러 그러한 재판의 성격은 공적인 성격으로서, 기본적으로 교회의 이름으로 시행하는 것이다.

또한 보편 교회(universal church)를 지역적(local)으로 나타내 보이는 개별 교회의 당회(session)에 있어 장로는, 교회의 권위를 구현하고 보편 교회의 이름으로 교회의 권위를 행사하는 직분이다.

그러한 개별 교회의 당회는 그 자체로 완전한 것이 아니며, 개별 교회의 당회는 연 2회로 대회 및 총회의 감독을 받도록 했다. 왜냐하면 프랑스뿐 아니라 잉글랜드에서도 회중교회 원리에 대해서는 반대되고 배척되었기 때문에, 개별 교회의 교회정치는 항상 지역적인 감독 가운데 있도록 한 것이다.

하지만 개별 교회들의 실제적인 문제로서, 여러 교회들에 사역자나 교회의 치리를 위한 당회가 없는 경우가 있었기에, 임시적으로는 한 사역자 아래에 함께 그룹(group)을 이루도록 하는 경우가 종종 있었다. 그렇게 함으로써 "교회적인 소송들(ecclesiastical causes)"이나 재판을 결코 개별 교회가 자체적으로 판단하고 종결하지 않도록 한 것이다. 회중교회의 원리와 다르게, 장로교회는 개별교회의 당회가 교회적인 소송들을 다루어 판단을 하는 경우가 있더라도, 반드시 개별교회 밖의 회의를 통해 감독을 받거나 상소 또는 항소할 수 있도록 했다. 그러므로 10항에서도 "한 장로회(eldership)를 공동으로 운용할 수 있다"고 규정하고 있는 것이다. 사실 스코틀랜드 장로교회는 제1치리서(the first Book of Discipline)에서부터 작은 회중의 장로들과 집사들은 사역자와 교회정치가 없는 교회들을 인접한 다른 교회와 연합하도록 했다.

하지만 그럴 경우에라도 회의에 참여하는 여러 "장로들은 각각 특정 회중에서 선발하며, 이들은 공동의 회의에서 나머지 형제들과 상의한 후 각기 그들의 교회 앞에 범법 행위를 공포한 후 회의에 회부"하도록 10항은 명시하고 있다. 그렇게 함으로써 재판의 판단이 특정한 개인에 의해 이뤄지지 않고 최대한 객관적으로 판단되도록 한 것이다. 이는 베자(Theodore Beza)의 설명에 의해 이미 1567년 무렵부터 제안된 것이지만, "우리는 이를 도시와 유명한 곳에 장로나 연장자들의 대학이 세워졌던, 초대교회의 관습에서 찾는다"고 함으로써, 그 근거를 더욱 분명하게 하고 있다.

이와 관련해서 칼뱅은 이미 기독교강요 4권에서 이 권세는 자기

마음대로(*proposuimus*) 행사할 수 있는 한 개인에게 있지 않고, 장로들의 회의(*consessum seniorum*)에 있었는데, 이 모임과 교회의 관계는 의회와 시의 관계와 비슷했다고 설명한바 있다.[83] 또한 칼뱅에 따르면 통상적이고 관례적인 절차(*communis et usitata ratio*)는 교회의 재판권이 장로 회의를 통해 시행되는 것이었는데 점차적으로 이러한 제도는 그 본래의 상태에서 타락하여 이미 암브로시우스 시대에는 성직자들만이 교회의 재판을 담당했으니, 그러므로 암브로시우스는 고대의 회당과 그 이후의 교회에는 장로들(가르치는 장로와 다스리는 장로)이 있었고 그들의 회의(*consilio*)가 없이는 아무것도 행해지지 않았다. 그런데 이러한 관례가 없어지고 말았는데, 아마도 이것은 자기들만이 중요한 존재임을 나타내 보이기를 원하는 학식있는 자들의 게으름, 아니 오히려 교만 때문이었을 것이라고 통탄했었다고 했다.

➕ point of view:

개별 장로교회는 그 자체로서 완전히지 않으며, 상위(혹은 광의)의 회의에 반드시 연계되어 있다.

---

83) Calvin, Institutes, Ⅳ, vi, 6.

이러한 개별 장로회(particular elderships)의 권세는 그들의 관할(bounds)내에서 그들이 성실히 수고하여, 교회가 선한 질서 가운데 서도록 함이다. 행실이 바르지 못하고 참되지 못한 사람을 문책(admonition)하고, 교정(threatening), 혹은 하나님의 심판(judgments)을 경고함으로써, 혹은 권면을 통해 그들이 다시 제 길에 들어서게 하기 위함이다.

롬 12:8절에서 바울 사도는 교회에 주신 은사들과 관련한 직분 가운데 "다스리는 자"의 직분에 대해 그 수행을 "부지런함으로" 하라고 했다. 여기서 "부지런함"(σπουδή)이란, 급히 서두르라는 의미이다. 그런즉 교회의 다스리는 직무를 담당하는 자는 "행실이 바르지 못하고 참되지 못한 사람을 문책"하는데 있어서 그 일을 신속하게 수행하라는 것이 바울 사도의 권면인 것이다. 마찬가지로 11항의 "성실히 수고하여, 교회가 선한 질서 가운데 서도록 함"에 있어서도, 바울 사도는 신속하게 수행하도록 말하고 있다. 그러므로 '개별 장로회'(particular elderships)에 있어서는, 지역이나 더 큰 범위에서의 회의(assembly)들보다 신속하게 자체적으로 "행실이 바르지 못하고 참되지 못한 사람을 문책하고, 교정, 혹은 하나님의 심판을 경고함으로써, 혹은 권면을 통해 그들이 다시 제 길에 들어서게" 하는 일을 신속히 실행할 수 있음을 11항이 언급하는 것이다.

⊕ point of view:

개별 교회의 문제는 반드시 더 넓은 범위, 혹은 상위의 회의에 의해 중재되어야 한다.

`12`

장로회(eldership)는 하나님의 말씀이 그들의 권한 내에서 순수하게 선포되었는지, 성례가 바르게 집행되었는지, 치리가 바르게 유지되었는지, 교회의 자산이 부패함 없이 분배 되었는지 살피는 일을 한다.

12항에서 다루는 '장로회'(eldership)란 개별 장로회로서의 당회를 지칭하는 것이라기보다는 '노회'(Presbytery)에 가깝다. 그러므로 12항에서는 "행실이 바르지 못하고 참되지 못한 사람을 문책하고, 교정, 혹은 하나님의 심판을 경고함으로써, 혹은 권면을 통해 그들이 다시 제 길에 들어서게" 하는 것이 아니라, "하나님의 말씀이 그들의 권한 내에서 순수하게 선포되었는지, 성례가 바르게 집행되었는지, 치리가 바르게 유지되었는지, 교회의 자산이 부패함 없이 분배되었는지 살피는 일을 한다"고 한 것이다. 사실 맥그레고(Janet G. Macgregor)가 인용한 존 낙스의 자료들(Knox's Works)로 볼 때에,

그처럼 '장로회'가 '당회'를 지칭한 것인지 '노회'를 지칭한 것인지 불분명하게 규정한 것은 어떤 지역들에서, 노회가 당회를 대신하는 것이 나은지 판단하기 어려웠던 당시의 정황을 반영하는 것이다.[84] 그러므로 12항의 '장로회'라는 용어에 대해서는 문장의 전체적인 맥락 가운데서 이해해야만 하는데, 언급하고 있는 목적과 기능들은 노회에 가까운 내용들이다.

이러한 노회의 역할과 목적을 위해 필요한 것이 바로 '시찰'(Visitation)과 같은 기능일 것인데, 노회는 필요시 두 명 이상의 노회원들을 시찰자(Visitors)로 세워 개별 교회와 치리회와 관련한 제반사항을 살펴볼 수 있도록 했다.[85]

12항에서는 그러한 시찰의 내용으로 "하나님의 말씀이 그들의 권한 내에서 순수하게 선포되었는지, 성례가 바르게 집행되었는지, 치리가 바르게 유지되었는지, 교회의 자산이 부패함 없이 분배 되었는지 살피는 일"로 규정하고 있는데, 이러한 내용들로 볼 때에도 개별 지교회 혹은 당회는 노회와 독립적인 것이 아니라 예속(a subordination)적이며 긴밀히 연계하여 있음을 알 수가 있다.

---

84) Janet G. Macgregor, 153.
85) Acts of the General Assembly, vol. ii. 497.

당회 차원의 지도와 통제를 넘어서는 문제는 노회의 지도와 통제
에 의해 이뤄져야 한다.

13

그러한 종류의 회의(assembly)는 지방회(assemblies provincial),
국가회(national) 및 총회(general)가 만든 법령(ordinances)을
유지하고 실행하게 한다. 교회 안에서 그들이 지도하는 개별 교회
(particular kirks)의 경건한 질서를 위해 관련된 규칙(rules)들을
만들되, 총회 혹은 지방회가 제정한 어떤 법령도 변경하지 않는다는
조건으로 만들며, 앞으로 제정될 규칙들을 지방회가 미리 보게 하여,
그것이 해가 될 수 있는 규칙이라면 폐지할 수 있도록 한다.

13항에서 제2치리서는 개별 교회의 치리회와 노회, 혹은 노회와
대회나 총회 등의 회의와의 관계를 설명하고 있다.

먼저 "지방회, 국가회 및 총회"는 "법령(ordinances)"을 만들 수
있으며, 개별 교회의 치리회나 노회는 이 "법령을 유지하고 실행해
야" 함을 규정하고 있다. 아울러 개별 교회의 치리회나 노회는 "그들

이 지도하는 개별 교회의 경건한 질서를 위해 관련된 규칙(rules)들"을 만들 수 있다고 했다. 그러면서 각각 '법령'과 '규칙'으로 용어의 차등을 두었으며, 특히 "총회 혹은 지방회가 제정한 어떤 법령도 변경하지 않는다는 조건"으로 만들도록 하고 있다.

그러므로 이러한 문맥에서 볼 때에, 상위(혹은 광의)의 회의와 하위(혹은 협의)의 회의 사이에는 약간의 예속(a subordination)적인 성격이 있으며, 다만 그 성격은 규제하는 차원이 아니라 존중하는 차원임을 알 수가 있다. 즉 상위의 회의에 대해 하위의 회의는 전혀 독립적이지는 않으면서, 그렇다고 상위의 회의에 의해 하위의 회의가 규제되는 것이 아닌 상호존중의 관계 가운데 있는 것이다.

또한 13항은 "앞으로 제정될 규칙들을 지방회가 미리 보게 하여, 그것이 해가 될 수 있는 규칙이라면 폐지할 수 있도록 한다"고 규정하고 있다. 즉 지방회의 법령에 위배되거나 해가 되는 규칙이 아닌지 충분히 논의할 수 있도록 "미리 보게" 하여서, 문제가 있을 경우에는 폐지할 수 있도록 한 것이다.

이처럼 제2치리서에서 언급하는 회의(assembly)란 광대회의(지방회, 대회, 총회)와 긴밀하게 연계되어 있으며, 그런 만큼 지교회가 독립적으로 어떠한 규정을 판단하거나 독단적으로 시행하는 일은 드물었다.

➕ point of view :

대회나 총회의 결정을 시행하는 것은 노회의 일이며, 노회의 판단이나 결정에 오류가 있다고 한다면, 더욱 넓은(혹은 상위의) 회의인 대회나 총회의 판단에 따라 보완되거나 폐지되도록 해야 한다.

14

그러한 회의는 완고한 자를 출교(excommunicate)할 권한이 있다.

장로교회의 모든 치리회는 '출교'(excommunicate)의 권한이 있는데, 출교란 기본적으로 신자들의 교제로부터 끊어 버리는 것이다.[86)]

마 18:15-18절에서 주님은 이르시기를 "네 형제가 죄를 범하거든 가서 너와 그 사람과만 상대하여 권고하라……만일 듣지 않거든 한두 사람을 데리고 가서 두세 증인의 입으로 말마다 확증하게 하라 만일 그들의 말도 듣지 않거든 교회($\dot{\epsilon}\kappa\kappa\lambda\eta\sigma\iota\alpha$ 즉, congregation)에 말하고 교회의 말도 듣지 않거든 이방인과 세리와 같이 여기라"고

---

86) Calvin, Institutes, Ⅳ, vi, 1.

했다. 그런즉 출교란, 단순히 교회로부터 내보내는 의미만이 아니라 신자들의 교제로부터 끊어내는 것인데, 장로교회의 치리회들에는 바로 그러한 권한이 부여되어 있다. 물론 이러한 출교의 내용이 사법적인 저촉이 되는 것일 경우에는 교회의 출교와는 별도로 관원들에 의한 징벌이 부가된다.

15

그러한 종류의 회의는 교회의 직분자를 선거할 권한을 가지고 있어, 그들이 지닌 권한 내에서 충분한 능력을 갖춘 목사와 장로를 뽑을 권한(power of election)이 있다.

여기서 직분자[목사, 교사, 장로와 집사]를 선거할 권한을 가지고 있는 회의(assembly)란, 장로회(Eldership)를 말하는데, 1584년까지 장로회란 노회(Presbyterys)를 말하는 것이었다. 그러므로 목사들의 경우에 이전에는 회중의 동의로 선출되더라도 지역순회 감독(superintendent), 위원회(commissioner), 감독(bishop) 혹은 시찰자(visitor)에 의해서 검토된 후에 취임하도록 되어 있었다. 반면에 장로(elders)와 집사(deacons)는 교회 회중의 승인과 사람들의 동의를 얻어 회중으로부터 선출되었는데, 1581년까지 장로들은 단지 노회에서 선출했으며, 이후로 노회는 점차 목사의 시험과 선거를 감독하는 공인된 법원(court)의 역할을 수행했다

16

이러한 종류의 회의는 동일한 이유로 면직[혹은 해임, deposition]할 권한이 있다. 즉 잘못되고 부패한 교리(erroneous and corrupt doctrine)를 가르치는 자, 문란한 삶(scandalous life)을 사는 자, 권면을 해도 돌이키지 않는 자, 교회를 대적하는 분열과 분리를 조장한 자, 명백한 신성모독을 한 자, 성직매매(simony)의 경우, 부정한 뇌물을 받은 자, 거짓말을 한 자, 위증(혹은 위조, perjury)을 한 자, 매춘행위를 한 자, 도둑질 한 자, 술에 취하는 자, 법으로 처벌받을 만한 싸움을 한 자, 이자 놀이(usury)를 한 자, 춤을 추는(dancing) 자, 사악한(infamy) 자, 그리고 교회로부터 분리되어야[출교]할 자들이 면직[혹은 해임] 대상자에 해당한다. 직분을 감당하기에 충분하지 않다고 생각되는 경우 면직을 해야 하며, 이럴 경우 타 교회에도 알림으로서 면직한 사람을 받지 않도록 해야 한다.

16항에서 회의(assembly)란, 단순히 개별 교회의 당회(sessions)를 지칭하는 것이 아니라 상위의 회의와 연계하여 이해해야 한다. 제2치리서의 치리와 권징의 성격은, 개별 당회(Kirk Session)만이 아

니라 노회(Presbytery)와도 연계되어 "이런 종류의 회의"(this kind of assembly)로 언급한 것이다.

사실 제2치리서가 작성될 당시의 스코틀랜드 사회에서 교회의 여러 회의들은, 윤리 • 도덕적인 문제들에 있어서 일종의 소법정(court)의 역할까지도 충실히 수행했다.[87] 16항에서 나열하고 있는 면직의 사유들에서 알 수 있듯이, 실정법으로 다스리기 어려운 여러 문제들을 교회의 법정에서 직분과 관련하여 다룰 수 있었던 것이다. 그러므로 제2치리서 1장 11항은 "관원은 백성들 사이에서 외적인 평화와 안정을 위하여 외적인 것들을 명하며, 목회자는 오직 양심의 동기를 위해서 외적인 것들을 다룬다"고 규정하고 있다. 즉 세상 법정이 다룰 수 없는 양심과 관련한 외적인 문제들의 경우, 교회가 실질적인 법정의 역할을 수행했던 것이다. 특별히 교회의 직분들에 관해서, 무엇보다 목사와 교사의 직분에 관해서는 더욱 엄중히 양심의 판단을 내릴 수 있었던 것이 교회의 치리회였다.

무엇보다 각 교회 회의들이 유기적으로 긴밀히 연계될 수 있도록, 그러나 개별 교회가 제약과 통제를 받는 방식이 아니라 실질적으로 돌아볼 수 있도록 '지역순회 감독'의 기능을 대체하는 '시찰자'의 역

---

87) 이는 특히 결혼과 관련하여 더욱 명백하다. 당시에 교회는 결혼과 관련한 공적인 승인의 의미를 지녔던 것이다.

할이 중요하게 수행되도록 했던 것이다. 그러므로 "직분을 감당하기에 충분하지 않다고 생각되는 경우 면직을 해야 하며, 이럴 경우 타교회에도 알림으로서 면직한 사람을 받지 않도록 해야 한다"고 16항의 명시하고 있다.

⊕ point of view :

장로교회의 모든 판단은 회의(plural)를 통해 결정되는 것이지, 특정한 사람(singular)이 혼자서 할 수 없다.

17

그러나 노령(through age), 질병(sickness) 혹은 기타의 사고들 (other accidents)이 직무에서 해임할 조건이 되지는 않는다. 이러한 경우, 그들의 명예를 지켜주며, 그들의 교회가 그들을 부양하고, 다른 사람이 그들의 직무를 대신할 수 있도록 해야 한다.

스털링 노회(Stirling Presbytery)의 기록에 의하며, 1586년 9월 27일에 헨리 라잉(Henry Laing) 목사가 패트릭 길레스피(Patrick Gillespie)의 협력자로 스털링 노회의 추천을 받았는데, 그가 극심한 통증과 결점으로 인해 세인트 니나이안스(St Ninians)의 목사직을 감당할 수 없다고 보았기 때문이었다. 이처럼 질병으로 인해 노회의 추천으로 이동이 되는 예에서 볼 수 있듯이, 그러한 사유로 목사가 직무에서 해임되는 경우는 없었으며, 오히려 말씀과 교리의 일군으로서의 그의 "명예를 지켜"주어 다른 목사의 협력자로 수고할 수 있도록 추천이 이루어졌던 예를 찾아볼 수 있으니, 이로 볼 때에 17항의 규정이 실질적으로 잘 이행될 수 있었던 것을 알 수가 있다.

뿐만 아니라 17항은 "그들의 교회가 그들을 부양하고, 다른 사람이 그들의 직무를 대신할 수 있도록 해야 한다"고 하여, 그처럼 직무를 감당하기 어려운 경우라도 직분을 맡은 자의 명예나 실질적인 생활이 어려움에 처하지 않도록 배려하는 것이 또한 교회의 모든 회의들의 역할과 목적임을 규정하고 있다.[88]

---

88) 1586년의 스털링 노회의 경우에서 볼 수 있듯이, 면직에 해당하는 징계의 사유 외에 병환이나 기타 개인적인 사유로 교회의 직분이 소홀히 되지 않도록 16항과 달리 17항은 배려하고 있다.

지방회(Provincial assemblies)는 목사, 교사 그리고 지방의 다른 장로들의 합법적인 회의로서 교회의 보통의 일을 위해 소집되며, 이는 교회(the kirk)와 형제(brethren)의 모임(conference, 회의)이라 부른다.

'지방회'(Provincial assemblies)란 '대회'(Synods)를 일컫는다. 그러므로 18항은 "지방회는 목사, 교사 그리고 지방의 다른 장로들의 합법적인 회의"라고 했는데, 이처럼 장로(치리장로)들이 대회에 참여하도록 된 것은 새로운 발전은 아니고, 이미 1562년에 각 교회의 목사와 함께 장로 혹은 집사가 대회에 참여토록 했기 때문이다.[89] 이러한 규정은 1576년에 베자(Theodore Beza)에 의해 승인된 바 있으며, 다만 18항에서는 집사를 제외하고 "목사, 교사 그리고 지방의 다른 장로들"이 참여하는 것이 합법적인 대회의 규모임을 규정하고 있다.

그런데 스코틀랜드에서는 노회 모임이 때로 '장소'(place) 혹은 '회의의 집'(house of conference)으로 불렸다. 그러므로 18항은 이러한 배경 가운데서 장소로서의 "교회"의 모임이라는 언급

---

89) 그러나 집사가 대회에 참여했다는 실제적인 기록은 찾아볼 수가 없다.

을 하고 있다. 또한 1591년 대회에서는 '형제 모임'(brether of the conference)에 대한 언급을 찾아볼 수 있는데,[90] 이는 18항의 "형제의 모임"이라는 말을 따른 것이다.

끝으로 18항은 지방회의 모임과 관련하여 "교회의 보통의 일을 위해 소집"된다고 했다. 즉 통상적인 교회의 일들을 논의하는 역할을 수행하는 것이 '지방회'의 성격인데, 이는 지방회의 기본적인 목적이 "형제의 모임"이라는 말에서 알 수 있는 바와 같이, 지역(지방)의 교회들의 유대[91] 에 있음을 파악하게 한다. 이와 관련하여 19항과 20항에서 더욱 구체적인 언급을 하고 있다.

19

이러한 회의들은 필요에 따라, 지방 내의 형제들의 도움(assistance)이나 상호 동의(mutual consent)가 필요한 중대한 문제를 해결하기 위해 만들어졌다.

---

90) Synod of Lothian, 32.
91) 이러한 유대의 성격은 단순히 친목을 도모하는 것이 아니라, 장로교회 정치의 질서를 세우는 것이다. 즉 지방회가 지방의 현안들을 다룸으로써, 지방 안에 있는 교회들의 유대를 긴밀히 하는 것이다.

이러한 회의들은 개별 회의(particular assemblies) 안에서 행해진 일 들 중 잘못된 것, 생략된 것을 바로 잡고 처리할 권한이 있다. 선하고 공정한 명분을 위해 해임이 필요한 지방회(province)의 직무 맡은 자를 해임할 권한이 있다. 그리고 일반적으로 이러한 회의는 소집된 개별 장로회(particular elderships)의 전권을 가진다.

맥그레고(Janet G. Macgregor)의 설명에 따르면, 스코틀랜드의 지방회(혹은 지방대회)의 운용은 프랑스 지역치리회(the French Colloquy)와 지방대회와의 관계와 유사하다.[92]

일반적으로 프랑스 지역치리회는 지방대회가 회집되지 않을 동안 그 대회의 기능들을 수행했었는데,[93] 프랑스 목사들의 선거는 두세 명의 이웃 교회 목사들과 그들의 지교회치리회들, 또는 지방대회, 도 는 지역치리회에 의해서 치러졌다고 한다. 그리고 출교건과 같이 위급한 사안일 경우, 지교회치리회들은 지역치리회에 상소할 수 있었으나, 실질적으로 프랑스 개혁교회는 지역교회의 현안들을 신속하게 처리 할 수 없었기에 지방대회가 지방현안들의 대부분을 다루었으

---

92) Janet G. Macgregor, 117.
93) 앞의 책, 158.

며, 프랑스 지역치리회는 임시치리회로 조직되어 일 년에 네 차례 모여 긴급사항들을 처리했다고 한다. 스코틀랜드 장로교회에서는 노회가 빈번하게 이루어졌기에, 빈번하게 발생하는 지방 내의 중대한 안건들과 항소건 등을 가지고 프랑스의 지역치리회와 유사한 방식으로 지방회를 소집했었던 것이다. 그러므로 19항에서 이를, "필요에 따라, 지방 내의 형제들의 도움이나 상호 동의가 필요한 중대한 문제를 해결하기 위해 만들어졌다"고 명시하고 있다.

특히 20항에서 다루고 있는 내용들은 1576년에 모튼(James Douglas, 4th Earl of Morton, 1516-1581)이 대회(synod)의 관할권에 대해 묻는 질문에 대한 답으로서, 1586년의 회의의 정의인 '개별 장로회'(particular eldership)가 '노회'(presbytery)와 동일시되는 것으로 반복되어, 1592년의 의회(parliament)의 법령에 통합되었다. 그러므로 20항에서도 노회와 마찬가지로 지방회(혹은 지방대회) 또한 동일한 기능과 역할을 수행하던 것을 명시하고 있다. 즉 "개별 회의 안에서 행해진 일 들 중 잘못된 것, 생략된 것을 바로 잡고 처리할 권한"에 따라, "선하고 공정한 명분을 위해 해임이 필요한 지방회의 직무 맡은 자를 해임할 권한"을 가지며, 그러므로 "소집된 개별 장로회의 전권"을 가질 수 있도록 명시하고 있는 것이다.

21

우리에게 일반적인 국가회(national assembly)는 교회의 공통된 일을 위해 모였거나 사용된 그 영역 내 모든 교회의 합법적인 회의로서, 그 영역 내 전체 교회(whole kirks)의 총회(general eldership)라고 부른다. 동일한 회의가 선하다고 생각할만한 교회 성도 수가 되지 않는 한 이런 회의를 바로잡을 투표권은 없으며, 여기에 제안하고, 경청하며, 그리고 추론할 회의를 보수할 그 외의 사람들을 예외로 하지 않는다.

일반적으로 '총회'(general assembly)로 표기할 수 있는 용어를 '국가회'(national assembly)라고 이 항에서 표기한 것은, 25항에서 규정하는바 '하나님의 교회로 불리는 총회(general assembly) 혹은 협의회(general counsel)'와 국제적으로 구별하려는 것이다. 그러므로 "우리에게 일반적인"(general to us)이라는 문구를 통해, 이 항에서 언급하는 총회가 스코틀랜드 국가로만 제한하는 총회의 개념인 것을 나타내고 있다.

또한 제네바 성경에서는 'eldership'이라고만 번역한 성경의 *presbyterium*'과 'assembly' 그리고 다른 교회 법원(other church court)의 개념을 조화시키려는 것으로서 '총회'(general assembly)라 표기하고 있다. 즉 '국가회'란 장로회로서의 교회 법정의 개념과 국가적인 총회 혹은 협의회의 개념이 모두 포함되어 있는 용어인 것이다. 그러므로 이런 종류의 회의(assembly)에 있어서, 국가회는 거의 최종적이다. 그러므로 21항에서는 후반부에서 "동일한 회의가 선하다고 생각할만한 교회 성도 수가 되지 않는 한 이런 회의를 바로잡을 투표권은 없으며, 여기에 제안하고, 경청하며, 그리고 추론할 회의를 보수할 그 외의 사람들을 예외로 하지 않는다"고 함으로써, 스코틀랜드 국가 전체에 걸친 국가교회의 최종적인 권위에 대해 명백히 천명하고 있다.

물론 여기서 '국가교회'란, 국가교회제도(Collegial system)와는 다른 개념이다. 벌콥(Louis Berkhof)이 잘 설명하는바 '국가교회'란, 교회가 국가에 상응하는 자발적인 결사(association)라는 전제하에, 개별 교회나 회중들은 단지 하나의 국가교회의 지부일 뿐이며, 고유의 권한은 국가적 조직에 있고 이 조직이 지교회를 관할한다.[94] 반면에 21항에서 다루는 국가적인 교회의 개념은 '국가회'의 개념이며, 그것은 궁극적으로 "그 영역 내 모든 교회의 합법적인 회의로서, 그 영역 내 전체 교회의 총회"인 것이다.

---

94) Louis Berkhof, Systematic Theology, 권수경 · 이상원 역,「벌코프 조직신학, 하」 (서울: 크리스챤다이제스트, 2000), 839.

22

이러한 회의를 제정함은 지방회(provincial assemblies)에서 잘못되거나 생략된 모든 것들을 수정하고 다시 처리하기 위함이며, 또한 일반적으로는 그 영역 내에 있는 교회의 몸 전체(whole body)를 위해 섬김으로 하나님의 영광을 드러내고, 나타낼 뿐만 아니라 미리 보기(foreseen) 위함이다.

22항은 '국가회'를 제정하는 것이 "지방회에서 잘못되거나 생략된 모든 것들을 수정하고 다시 처리하기 위함"이라고 했다. 즉 하회에서 의결되거나 처리된 것에 있어서의 오류나 미비점을 보완하는 것을 목적으로 하는 것이다. 스코틀랜드 신앙고백(1560)을 보면 제20조에서 모든 회의들에 관하여 언급하기를 "우리는 총회(general councils)의 이름 아래에 사람들에게 강제된 것을 받을 수 없다. 회원들은 그들이 사람이기 때문에 그중 일부는 중대한 무게와 중요성을 지닌 문제들에 있어서 명백히 잘못할 수 있기 때문"이라고 했으니, 그처럼 '지방회' 또한 동일한 오류의 가능성이 얼마든지 있을 수 있는 것이다.

이처럼 제2치리서에 있어서 상위의 회의는 기본적으로 하위의 회의에서 발생할 수 있는 오류와 폐단을 보완하고 수정할 목적을 기본적으로 전제하고 있다. 그리고 그렇게 함으로써 회의들은 그 회의가 포괄하는 영역 안에서 "교회의 몸 전체를 위해" 섬기며, 또한 "하나님의 영광을 드러내고, 나타낼 뿐만 아니라 미리 보게" 하는 것이라고 22항은 규정하고 있다. 그러므로 이러한 회의의 운영은 지상에 가시적인 교회를 드러내는 중요한 역할을 개별 교회들과 더불어 수행하는 것이다.

23

교회가 세워지지 않은 곳에는 교회가 세워지도록 세심한 주의를 기울여야 한다. 그 외 두 종류(two kinds)의 회의가 일을 처리할 때에 있어서의 방법을 거론한 규정(rule)을 제정해야 한다.

23항은 교회를 세움에 있어서 단순히 개별 교회를 세우는 것만을 말하고 있지 않다.[95] 오히려 "두 종류(two kinds)의 회의", 즉 개별 교회의 회의(당회 등)와 노회나 지방대회와 같은 광역회의의 규정을 제정하는 것을 언급하고 있다. 특별히 "세심한 주의를 기울여야 한다"고 한 문구의 의미를, 이후의 "그 외 두 종류의 회의가 일을 처리

---

95) 장로교회의 교회론은 반드시 개별 교회의 치리회만이 아니라 상위의 치리회 혹은 회의로써의 노회, 대회 등의 개념을 포함하고 있기 때문에, 최소한 노회를 구성하는 것 정도의 회의 개념을 전제한다. 그렇지 않고 개별 교회만을 지칭하는 것은 독립교회(independent church)나 회중교회(congregational church)의 개념이다.

할 때에 있어서의 방법을 거론한 규정을 제정해야 한다"고 보충함으로써 더욱 분명하게 이를 나타내고 있다. 그러므로 교회가 세워지지 않은 곳에 교회를 세운다는 것은, 이러한 회의가 이뤄질 수 있도록 제반사항을 형성하는 것까지를 포함하는 것이다.

⊕ point of view :

교회를 세우는 것은, 회의가 관심을 두고서 진행해야 할 사항이다.

24

이러한 회의는 영적인 관할권(spiritual jurisdiction)과 세상(civil) 관할권이 교회의 아픔과 혼란을 초래하지 않도록 하며, 교회의 재산 (patrimony)이 줄어들거나 남용되도록 해서는 안 된다. 그러므로 일반적으로 영역 내 전체 교회(whole kirks)의 선한 질서와 행복과 관련된 모든 중대한 일에 대한 권한을 가진다.

앞서 4항에서는 모든 회의의 "의장은 오직 회의에서 교회의 일만이 거론되도록, 그리고 세상 재판권(the civil jurisdiction)에 속한 그 어떤 일도 간섭하지 않도록(no meddling) 성실히 역할을 해야 한다"고 규정했는데, 그처럼 모든 회의는 "영적인 관할권과 세상 관할권이 교회의 아픔과 혼란을 초래하지 않도록" 그 역할을 충실히 수행해야 한다.

또한 모든 회의는 관할권 안에 있는 "교회의 재산이 줄어들거나 남용"되지 않도록 하는 일에도 그 역할이 있음을 규정하고 있다. 일차적으로 이 규정은 교회 회의들에 직접적으로 관련된 것이겠지만, 'patrimony'(교회의 세습 재산, 혹은 기본 재산)라는 용어를 사용한 것으로 볼 때에, 개별 지교회의 재산에 관해서도 오남용을 막도록 하는 역할을 회의들이 담당하도록 규정한 것이라 하겠다. 그러한 기능과 역할은 실제로 '노회'와 '시찰' 기능에 의해 수행될 수가 있다.

⊕ point of view:

교회의 재산에 대한 관할권은 개별 교회가 아니라 교회 회의 자체에 있다.

25

이외에도, 보다 더 일반적인 종류의 회의들이 있다. 이들은 모든 나라들(all nations)과 모든 교회에 속한 자들의 회의로서, 이들은 그리스도의 보편적 교회(universal kirk)를 대표하며, 이들은 하나님의 전체 교회의 총회(general council of the whole kirk of God) 혹은 총회(general assembly)라고 부르는 것이 정당하다. 이런 회의는 특별히 교회 안에서 교리로 인한 논쟁과 큰 분열이 존재하는 경우에 소집되었으며, 당시 경건한 황제의 명령 아래서도 소집되었는데, 이는 보편적인 하나님의 교회(universal kirk of God) 내의 분열을 막기 위함이었다. 왜냐하면 그러한 일은 특정 영역에 속한(particular estate of one realm) 것이 아니기 때문에, 우리는 더 이상의 말을 삼간다.

25항에서는 끝으로 "그리스도의 보편적 교회를 대표"하는 "하나님의 전체 교회의 총회 혹은 총회"를 언급하고 있는데, 스코틀랜드 장로교회에서는 보편적 교회(universal church)가 눈에 띄는 기관으로 흩어져 있음에도 불구하고 교회를 보편적인 기관으로 보지는 않았다. 그리고 25항 또한 기본적으로 그러한 맥락으로 보편적 교회를 언급하고 있다.

물론 스코틀랜드 장로교회 또한 기본적으로 전 세계의 교회에 대한 안목을 표현하고 있으며, 특별히 '가장 잘 개혁된 교회들'(best reformed churches)과의 확고한 유대 관계를 지향하고 있었음을, 1587년 잉글랜드에 망명한 프랑스 교회를 위해 에딘버러 노회 (Edinburgh presbytery)가 '우리의 같은 몸이자 구성원'으로 표현했던 것에서도 확인할 수가 있다.[96] 즉 대륙의 개혁된 교회들과의 유대 관계를 분명하게 지향하고 있었던 것이다.

한편, 장로교회 신자들을 비롯하여 많은 개혁자들에게 국제적인 회의에 대한 실례는 초대교회의 공의회들, 예컨대 니케아, 콘스탄티노플, 에베소와 칼케톤(혹은 칼세돈) 공의회의 '신앙의 건전함과 교회의 교리와 규율, 그리고 평화의 통일성을 유지'하기 위하려는 목적 가운데서 찾았는데, "이런 회의는 특별히 교회 안에서 교리로 인한 논쟁과 큰 분열이 존재하는 경우에 소집되었"다는 문구와 더불어 "경건한 황제의 명령 아래서도 소집되었"던 회의란 바로 그러한 공의회들을 일컫는다.

끝으로 25항은 "그러한 일은 특정 영역에 속한 것이 아니기 때문에, 우리는 더 이상의 말을 삼간다"고 했는데, 이는 그러한 국제 회의의 주체가 확정적이라거나 상시적으로 가능하지 않음을 나타내는 말이라 하겠다. 실제로 1552년에 크랜머 대주교(Archbishop

---

96) Edinburgh Presbytery Records, 26 Sept. 1587.

Cranmer)에 의해 소집된 회의의 경우가 있었지만 대주교가 항상 그러한 회의의 주체였던 것은 아니며, 또한 이후로도 상시적으로 그러한 회의가 소집된 것도 아니었다. 그러므로 25항에서는 "우리는 더이상의 말을 삼간다"고 하여, 보편적 교회가 눈에 띄는 기관으로 흩어져 있음에도 불구하고 교회를 보편적인 기관으로 보지는 않았던 스코틀랜드 장로교회의 개념을 명시하고 있는 것이다.

8장: 교회의 마지막 통상적 역할인 집사와 그들의 직무
(Of the Deacons and Their Office,
the Last Ordinary Functions in the Kirk)

'일꾼'(διάκονος)이라는 단어는 때로 넓은 의미로서 교회 내의 영적인 역할(spiritual function)과 사역(ministry)을 맡은 모든 자들로 이해할 수도 있다. 그러나 여기에서 이 단어는 오직 교회의 재산 및 신실한 구제헌금(alms)을 모으고(collection) 분배(distribution)하는 일을 담당하는 자들만을 말한다.

칼뱅은 '일꾼'(διάκονος)과 관련하여 이르기를 디아코니아(διακονία)라는 용어 그 자체에는 보다 넓은 뜻이 있지만, 성경이 특별히 집사라고 부르는 자들은 교회가 구제품을 나눠 주고 가난한 자들을 돌보고 가난한 자들을 위한 공동 기금(publici pauperum aerarii)을 관리하도록 임명된 자를 의미한다고 했는데,[97] 1항의 문구들은 그러한 칼뱅의 언급과 유사한 내용으로 되어 있다.

특별히 "넓은 의미로서 교회 내의 영적인 역할과 사역을 맡은 모든 자들로 이해할 수도 있"다고 한 문구에서 알 수 있듯이, '일꾼'이라는 말 자체는 말씀과 관련된 사역과 성례까지도 포함하는 모든 사역을 수행하는 자로서의 의미를 지닌다. 그러므로 부서(Martin Bucer)는 초대 교회는 그들에게 노회의 위엄에 가까운 직급을 부여

---

97) Calvin, Institutes, Ⅳ, iii, 9.

하고 가르침과 성례전의 거룩한 사명의 활동에도 참여하는 것을 인정했다고 설명했으며,[98] 루터(Martin Luther)와 칼뱅 또한 동일한 맥락으로 '일꾼'이라는 단어를 설명한다.

하지만 그처럼 넓은 의미에서의 '일꾼'($\delta\iota\acute{\alpha}\kappa o \nu o \varsigma$)이라는 말 외에, 일반적으로는 행 6:3-6절에서 볼 수 있는 것과 같이 구제하는 일에만 전담하여 지칭되는데, 칼뱅은 이에 대해서 롬 12:8절에 근거하여 "집사직에는 두 가지의 다른 부류"(*duos gradus distinctos*)가 있었을 것이라고 하면서, "구제하는 자"와 "긍휼을 베푸는 자"로 분류하는데, 이는 곧 구제품이나 구제금을 분배하는 집사와, 딤전 5:9절에 언급된 "과부"와 같이 직접적으로 돌봄으로써(*pauperibus administrandis*) 교회를 섬기는 자들을 일컫는다. 그러므로 일반적으로 '일꾼'이라는 뜻의 헬라어 단어에서 유례한 '집사'(Deaconis)직에 대해, 1항에서는 특히 "교회의 재산 및 신실한 구제헌금을 모으고 분배하는 일"을 중심으로 명시하고 있다.

---

98) Bucer, Opera Latina, xv: De Regno Christi, 145.

그러므로 집사의 직분은 그리스도의 교회(kirk of Christ)의 통상적
이고 항구적인 교회적 직무(function)로서 받은 것이다. 이 직분에
부름을 받은 사람의 의무와 속성(properties)에 대해, 우리는 명백히
성경에서 제안(remit)한다. 집사는 앞서 말한 선거(election)로 나머
지 영적인 직원으로서 부름을 받고 선출된다.

칼뱅은 교회의 말씀을 전하는 사역자의 명칭으로서의 '장로'
(*presbyteros*)에 관하여 언급하는 가운데서, 롬 12:7-8절에
서 언급하는 능력과 병 고치는 은사, 통역에 대해서는 "일시적인
(*temporaria*) 것"이라고 설명하고, 또한 다스리는 것, 구제하는 것
에 대해서는 "영구적인(*perpetuo*) 것"이라고 설명하면서, 후자의 영
구적인 것과 관련한 직분에 대해 이르기를 "이런 종류의 질서는 어느
한 시대에만 국한되지 않았다(*non unius saeculi fuisse*)"고 했다.
이러한 칼뱅의 설명을 배경으로 2항에서는 "집사의 직분은 그리스도
의 교회의 통상적이고 항구적인 교회적 직무로서 받은 것"이라고 규
정하고 있다.[99]

---

99) 이에 대한 자세한 사항은 Calvin, Institutes, Ⅳ, iii, 9와 James Kirk, The
Second Book of Discipline with Introduction and Commentary, 207을 참조
하라.

또한 2항에서는 집사의 직분과 관련하여 "집사는 앞서 말한 선거로 나머지 영적인 직원으로서 부름을 받고 선출된다"고 했는데, 앞서 3장에서 "교회의 직분을 맡은 자를 선출하는 방법"에 관하여, 특히 4항의 "일반적이고 외적인 부르심의 두 가지 방법은, 선출(election)과 안수"로서 세워져야 함을 규정한 것과 동일한 맥락의 문구다. 그러므로 2장 7항에서 "이러한 직분을 맡은 자들은 오직 성경이 허락한 이름과 칭호만을 사용해야" 한다고 함과 같이, 여기서도 "이 직분에 부름을 받은 사람의 의무와 속성에 대해, 우리는 명백히 성경에서 제안한다"고 명시하고 있다.

⊕ point of view :

집사의 직무도 통상적(일반적)이고 항구적이다.

집사의 직분(office)과 권세(power)는 그들을 선출한 자들에게
서 맡겨진 전체 교회의 재산을 전달하고(to receive) 분배하는
(to distribute) 일이다. 이것은 노회(presbyteries) 혹은 장로회
[elderships, 집사는 회원이 아님][100]의 임명과 판단에 따라 수행하
며, 이는 교회와 가난한 자에 대한 재산(patrimony)이 사적인 용도
로 오용(converted)되거나 잘못 분배되지 않게 하려함이다.

3항에서는 "집사의 직분과 권세"가 "전체 교회의 재산을 전달하고
분배하는 일"이라고 명백히 규정하고 있는데, 이는 잉글랜드에 있는
칼빈주의 교회들과 청교도들에게서도 공히 찾아볼 수 있는 집사의
직무에 관한 정의다. 물론 더욱 세부적으로는 거기에 더하여 구제헌
금(alms for the poor)과 환자들을 돌보는 것도 포함된다.

그런데 3항은 그러한 집사의 직무에 있어서, "이것은 노회 혹은
장로회의 임명과 판단에 따라 수행"해야 함을 명시하고 있다. 그리고

---

100) 반면에 프랑스에서는 적어도 1574년까지, 그리고 네덜란드 교회에서도 집사들이
교회 법원에 자리하는 것을 허용했다. 또한 베자(Beza)는 스코틀랜드 교회 법정에
집사가 참여하는 것을 승인했으며, 1560년으로부터는 목사와 장로들과 더불어서
집사들이 재판을 도울 수도 있었다. 그러므로 집사는 장로회의 회원이 아닐지라
도, 경우에 따라서는 적극적으로 포함되었음을 알 수가 있다.

그 이유에 관련하여 곧장 서술하기를 "이는 교회와 가난한 자에 대한 재산이 사적인 용도로 오용되거나 잘못 분배되지 않게 하려함"이라고 분명하게 밝히고 있다.

사실 "이것은 노회 혹은 장로회의 임명과 판단에 따라 수행"해야 한다고 한 것은, 제1치리서(The First Book Of Discipline(1560)를 따른 것으로, 제1치리서는 집사들의 직무에 대해 목사와 교회에 의해 정해지도록 했다. 아울러 노회 제도의 설립 가운데서도 개별 교회의 당회(session)는 계속해서 집사의 직무를 감독했으며[101], 노회에서는 시찰(visitations)을 통해 지도했다. 그렇게 함으로써 실제적으로 "교회와 가난한 자에 대한 재산이 사적인 용도로 오용되거나 잘못 분배되지 않게" 하려고 했던 것이다.[102]

➕ point of view :

집사의 주된 직무는 교회 재산의 분배에 있으며, 반드시 당회와 노회의 규제 가운데서 행해야 한다.

---

101) 교회의 다스림이 장로들에게 맡겨졌다는 믿음과 성경의 예에 근거해서, 집사는 장로회(elderships)와 개별 교회의 법정(courts)에서 일반적으로 배제되었다. 그러므로 다만 개별 교회의 당회는 집사의 직무를 감독할 뿐이다.

102) 이와 마찬가지로 칼뱅은 기독교강요 4권 4장에서 "집사들은 신자들이 매일 바치는 헌금과 교회의 연간 수입을 받아들였다. 그들은 이와 같이 들어온 헌금을 적절한 용도로 사용했다……그러나 이것은 감독의 결정(arbitrio)에 따라 행해졌으며, 그들은 해마다 자신들이 분배한 것의 내역을 감독에게 보고했다"고 기록하고 있다. Calvin, Institutes, Ⅳ, iv, 5.

9장: 교회의 재산과, 그것의 분배

(Of the Patrimony of the Kirk, and the Distribution There of)

교회의 재산(patrimony)은, 기독교 신앙을 고백하는 나라의 보편적인 관습이나 동의하에서, 교회의 유익(utility)과 공적인 사용(public use)을 위해, 과거에 이미 받았거나 앞으로 받을 모든 것들을 의미하므로, 그러한 재산에는 하나님을 섬기고자 교회에 주어진, 그리고 앞으로 주어질 모든 것이 포함되며, 여기에는 토지, 건물, 소유물(possessions), 연간 임대료(annual rents), 그리고 그 어떤 적법한 칭호 즉 왕, 군주, 혹은 평민들이 교회에 기부한 모든 기부금(donations), 기금(foundations), 금식헌금(mortifications), 그리고 신실한 성도들이 지속적으로 헌납한 모든 것들 또한 포함한다. 우리는 이 모든 것들에 대해 법(laws)과 관습(custom), 나라의 관례(use of countries), 교회의 관례와 효용(use and utility of the kirk)을 위해 사용할 것이다. 또한 토지의 십일조(teinds), 목사관(manses), 목사 사례[glebes, 성직자의 토지], 그리고 그와 같은 것들에는 공통된 시 당국의 법(municipal laws)과 보편적인 관습(universal custom)을 따라 교회가 소유한 것들이 거기에 포함된다.

9장의 항목들은 8장에서 다룬 집사 직분의 직무와 직접적으로 연관된 내용들이다. 즉 집사들이 취합하고 분배할 교회의 재산에 관하여 구체적으로 규정하고 있는 것이다.

먼저 1항은 "교회의 재산(patrimony)은, 기독교 신앙을 고백하는 나라의 보편적인 관습이나 동의하에서, 교회의 유익과 공적인 사용을 위해, 과거에 이미 받았거나 앞으로 받을 모든 것들을 의미"한다고 했다. 즉 메리 여왕의 시기와 같은 로마가톨릭교회의 체제 가운데서 교회의 재산으로 인정되었던 것들에 대해서, 그것이 동일하게 스코틀랜드 장로교회의 재산으로 인정되어야 함을 밝히고 있는 것이다. 또한 그러한 교회의 재산에는 "하나님을 섬기고자 교회에 주어진, 그리고 앞으로 주어질 모든 것이 포함"된다고 하여, 교회와 관련하여 발생하는 모든 요인들을 포괄적으로 재산으로 취급함을 규정하고 있다. 또한 "여기에는 토지, 건물, 소유물, 연간 임대료, 그리고 그 어떤 적법한 칭호 즉 왕, 군주, 혹은 평민들이 교회에 기부한 모든 기부금, 기금, 금식헌금, 그리고 신실한 성도들이 지속적으로 헌납한 모든 것들 또한 포함한다"고 하여, 교회와 관련하여 발생하는 일체의 목록들 가운데 어떤 것도 예외로 삼지 않는 것이 특징이다.

그런가하면 1항에서는 교회 재산의 집행에 관해서도 언급하는데, "우리는 이 모든 것들에 대해 법과 관습, 나라의 관례, 교회의 관례와 효용을 위해 사용할 것"이라고 규정하여, 교회의 재산이 특히 구제활동과 같은 영역에서 국가와 긴밀히 연계된 목적[103]으로 사용될 수 있음을 나타내고 있다.

무엇보다 "토지의 십일조, 목사관, 목사 사례[성직자의 토지], 그리고 그와 같은 것들에는 공통된 시 당국의 법과 보편적인 관습을 따

라 교회가 소유한 것들"까지 교회의 재산에 관한 지표에 포함함으로
써, 당시로서는 가장 객관적이고 투명한 재산목록과 산출기준을 제
시하고 있는 것이라 하겠다.

2

불법적인 수단으로 교회 재산을 취하고, 또한 개인의 사적이거나 모
독적인(particular and profane) 용도로 전용(convert)한다면, 이
는 하나님 앞에서 가증한 행위이다.

2항은 곧장 집사의 직무와 관련하여 8장 3항에서 규정한 "교회
와 가난한 자에 대한 재산이 사적인 용도로 오용되거나 잘못 분배"되
는 것과 관련하여, 단호하게 정죄하고 있다.

일찍이 부서는 교회의 물품과 재산은 신성한 것이기에, 다른 용도

---

103) 이와 관련하여 마지막 13장에서 "이 모든 개혁의 유산들로부터 얻을 수 있는 유익"
이라는 주제로, 4항에 이르기를 "다리를 건설하는 것이나, 다른 공공의 일들과 같
이 그들의 교회를 유지하고 세우는 일에서 그들을 자유롭게 함으로써, 모든 국민
들에게 큰 위로와 위안이 될 것이다"라고 한 문구를 볼 수 있는데, 이는 당시에 교
회의 재산이 사회에도 광범위하게 사용되었음을 시사한다.

로 변용하지 말아야 한다고 분명하게 주장한바 있다. 또한 다른 어떤 방법으로는 그처럼 불법적으로 교회의 재산을 변용한 것과 관련하여 거래하는 자도 저주받은 형벌에 이르도록 유죄 판결을 받아야만 함을 밝힌바 있다.[104]

또한 1576년에 스코틀랜드 총회에서는 교회의 재산이 교회의 운영과 빈민들의 구제, 그리고 학교를 유지할 수 있도록 사용하는 것은 '하나님의 법'(*jure divino*)에 의한 것이며, 그러한 재산을 부당하게 소유한 것은 반드시 기소되어야 함을 밝힌바 있으며, 또한 베자(Beza)가 글래미스(Glamis)에 보낸 서신들에서도 그대로 되풀이되어 있는 것을 볼 수 있으니, "교회와 가난한 자에 대한 재산이 사적인 용도로 오용되거나 잘못 분배"되는 것에 대해, 많은 종교개혁자들과 잘 개혁된 교회로서의 스코틀랜드 교회가 얼마나 가증하게 여겼는가를 짐작할 수 있다.[105]

---

104) Opera Latina, xv: De Regno Christi, 140. James Kirk, 209-10에서 재인용.
105) 이는 제2치리서 10장 "교회의 기독교 관원들의 직무" 6항의 "교회 재산은 불법적인 용도로 사용되지 않도록" 해야 한다는 문구와 직접적으로 연계된다.

교회의(ecclesiastical) 재산은 반드시 집사가 취합하고 분배하되, 그들은 교회에서 직분을 맡은 자로서 아무런 주의나 조심함이 없이 행하지 않고 하나님의 말씀이 정한 것을 따라서(as the word of God appoints) 집행하도록 한다. 사도적 교회(apostolical kirk)에서 신실한 성도들의 것에서 취해진 모든 것들을 모으고 분배하도록 임명을 받은 자는 성도들의 필요를 따라 분배함으로써, 신실한 성도들 가운데 아무런 부족함이 없도록 했다. 이러한 취합은 자선(alms)의 방식으로 수집되었을 뿐 아니라, 기타 자산, 토지 혹은 소유물들이 속한 부동산 및 동산, 그리고 그에 해당하는 값을 사도들의 발 앞에 가져오는 것이었다. 이 직무는 계속해서 집사들의 손에 맡겨졌으며, 교회의 모든 재산과 교회에 속한 모든 자산들이 누구에게든 독점되었을 때에는 적그리스도에 의해 부패되었음을 고대의 규정들(canons)이 증거 한다.

3항에서는 먼저 교회의 재산과 관련해서는 "반드시 집사가 취합하고 분배"해야 한다고 명시하고 있다. 8장에서 이미 규정한 바와 같이 교회의 재산과 관련해서, 특별히 재산의 취합과 분배는 집사 직분의 고유한 직무인 것이다. 더욱이 교회에서 취합된 헌금을 교회의 재산으로 규정하고 있어서, 이의 오용과 전용과 같은 불법적인 일들은 교회의 재산을 탈취하는 가증한 범죄로 취급된다.

그런데 첫 단락에서 주목할 것은 "하나님의 말씀이 정한 것을 따라서(as the word of God appoints) 집행하도록 한다"고 한 문장이다. 1576년에 스코틀랜드 총회에서 교회의 재산이 교회의 운영과 빈민들의 구제, 그리고 학교를 유지할 수 있도록 사용하는 것은 '하나님의 법'(*jure divino*)에 의한 것이라고 정의한 것에서 알 수 있듯이, 교회의 재산을 취합하고 분배하는 일은 하나님의 말씀에 따라 규정되어야 하는 것이다. 그리고 그 이유와 관련해서는 제2치리서 13장의 마지막 단락에서 "기꺼이 이 질서를 따르는 자는 누구든지, 지금까지 고통스러운 통치를 받은 자들, 세상 군주와 관원들도 예외 없이, 교회 재산을 바르게 주관하고 통치하는 모든 자들에게, 하나님은 영화롭게 될 것"이라고 함에 있다. 하나님은 말씀의 선포와 가르침뿐 아니라 말씀에 따라 집행되는 교회의 재산에 의해서도 영화롭게 되는 것이다. 무엇보다 제2치리서의 마지막 문장은 "교회는 교화되며, 그 지경이 확장되고, 예수 그리스도의 나라가 세워지고, 사탄과 그의 나라는 전복되어, 성부와 성령과 더불어서 영원히 거하시는 예수 그리스도를 통해 하나님께서 우리 가운데 영원히 거하시고, 우리를 평안케 하실 것"이라고 했는데, 이는 "교회 재산을 바르게 주관하고 통치하는 모든 자들에게, 하나님은 영화롭게 될 것"이라는 문장과 함께, 교회의 재산이 바르게 집행될 때에 이뤄지게 되는 선교적 측면이라 하겠다.

또한 3항은 "사도적 교회"(apostolical kirk)의 예를 따라, "성도들의 필요를 따라 분배함으로써, 신실한 성도들 가운데 아무런 부족함이 없도록 했다"고 명시하고 있다. 칼뱅은 고대 교회의 상태와 관련해서 당시 집사직의 성격은 사도들의 시대와 같았다고 했다.[106]

끝으로 3항은 "교회의 모든 재산과 교회에 속한 모든 자산들이 누구에게든 독점되었을 때에는 적그리스도에 의해 부패되었음을 고대의 규정들(canons)이 증거 한다"고 명시하고 있는데, 칼뱅은 교회의 법규들(canones)은 어디에서든지 감독(episcopos)을 교회의 모든 재산을 맡은 청지기로 규정하고 있지만, 이것을 마치 감독이 개인적으로 그 업무를 처리한 것(sollicitudinem gesserit)으로 이해해서는 안 된다고 하면서, 오히려 감독의 임무는 교회로부터 공적인 원조(publicam alimoniam)를 받을 사람들을 집사에게 지정해 주며 또한 남는 것에 대해 누구에게 얼마를 나눠 주라고 지시해 주는 것이었다고 했다. 또한 감독은 집사가 자신의 책임(officii)을 신실하게 수행하는지를 조사해야 했다고 하여, 집사의 직무가 교회의 재산을 취합·분배하는 것일지라도 그 관할은 감독의 직분에 있다는 점, 또한 감독이 교회의 재산을 관할한다고 하더라도 그것은 감독이 개인적으로 그 업무를 처리하는 것이 아니라 감독하는 것이라는 점, 그러므로 이 일은 두려움(timore)과 신중함(sollicitudine)으로 해야 한다고 했다.

---

106) Calvin, Institutes, Ⅳ, iv, 5.

⊕ point of view :

교회의 재산을 모으는 일도 기본적으로 집사의 직무이다.

4

동일한 규정들이 교회의 소유자산(patrimony)에 대한 다음 네 가지의 분배원칙을 언급했다. 교회 자산의 일부는 목사와 주교(bishop)가 그들의 생계(sustenance)와 환대(hospitality)를 위해 사용하며, 다른 것들은 장로들과 집사들 및 모든 교역자들(clergy)이, 세 번째는 가난한 자, 병든 자, 그리고 나그네를 위해 쓰며, 그리고 네 번째는 교회의 기타 일들을 위해서와, 특별하고 비상적인(extraordinary) 일들을 위해 쓰도록 한다. 우리들은 여기에 학교와 교사들(schoolmasters) 역시 포함하도록 했는데, 이는 그들을 교역자들 아래에서 동일한 것들을 소유하고 유지할 수 있어야 하는 사람들로 이해하기 때문이다. 또한 특별하지만 일반적인 경우로서, 회의(assemblies)의 사무원들을 여기에 포함하며, 뿐만 아니라 교회 일반적인 일들을 담당하는 이사들(syndics) 혹은 대리인들(procurators), 시편송을 담당하는 자들, 그 외 교회의 다른 통상 직원들(ordinary officers)을 추가한다.

1576년 스코틀랜드 총회가, 교회의 재산이 교회의 운영과 빈민들의 구제, 그리고 학교를 유지할 수 있도록 사용하는 것은 '하나님의 법'(*jure divino*)에 의한 것이라고 한 것은 이미 사도들의 시대로부터 교회의 법규들이 규정하고 있는 바가 뚜렷했기 때문이다.

칼뱅은 교회의 재산이 사용되는 일이 처음에는 자유롭고 자발적으로 이루어졌으나(행 4:34-35) 어떤 사람들의 탐욕과 악한 노력으로 말미암아 나쁜 예들이 생겨나면서 이런 악행들을 바로 잡기 위해 법규들이 만들어졌다고 했는데, 바로 그러한 법규들에 따라 교회의 수입(*ecclesiae reditus*)의 용도를 네 부분으로 나누었다고 했다.[107] 그러면서 첫째 부분은 목회자의 사례, 둘째는 교회 안의 가난한 자의 구제, 셋째는 교회와 다른 부속 건물들의 수리, 넷째는 교회 밖의 가난한 자들을 구제하는 일을 위해 사용하도록 구분되었다고 했다. 바로 이러한 구분과 마찬가지로 4항은 "교회 자산의 일부는 목사와 주교가 그들의 생계와 환대를 위해 사용하며, 다른 것들은 장로들과 집사들 및 모든 교역자들이, 세 번째는 가난한 자, 병든 자, 그리고 나그네를 위해 쓰며, 그리고 네 번째는 교회의 기타 일들을 위해서와, 특별하고 비상적인 일들을 위해 쓰도록 한다"고 했다.

그런데 4항에서는 교회 재산의 지출 항목을 더욱 세부적으로 추구

---

107) 앞의 책, iv, 7.

하여 "우리들은 여기에 학교와 교사들 역시 포함하도록 했는데, 이는 그들을 교역자들 아래에서 동일한 것들을 소유하고 유지할 수 있어야 하는 사람들로 이해하기 때문"이라고 했다. 이는 16세기 당시에 스코틀랜드의 학교들이 제네바 시의 경우처럼 교회의 지원으로 운영되었던 상황을 반영하는 것으로 보이는데, 애초에 학교에서의 교육은 교회의 직분 가운데 하나인 교사(Doctor)가 담당하는 것이었기 때문이다. 이외에도 "회의(assemblies)의 사무원들을 여기에 포함하며, 뿐만 아니라 교회 일반적인 일들을 담당하는 이사들 혹은 대리인들, 시편송을 담당하는 자들, 그 외 교회의 다른 통상 직원들"까지 포함하고 있어서, 교회의 업무와 관련한 광범위한 영역에까지 적용한 것을 볼 수 있다.[108]

⊕ point of view:

교회의 재산은 기본적으로 네 가지의 항목 외에는 사용될 수 없다.

---

108) 이로 보건대, 현대의 교회들에서 소위 무급(without pay) 혹은 재능기부라는 형식의 교회봉사는 제2치리서의 교회 재산에 관한 지침에서 보건대 바람직하지 않은 것이라 하겠다.

10장: 교회의 기독교 관원들의 직무
(Of the Office of a Christian Magistrate in the Kirk)

교회의 모든 회원들이 각기 자신들의 소명 안에서 그들의 능력이 되는 대로 예수 그리스도의 왕국의 확장을 위한 역할들이 있는 것이니, 그리스도인 군주들(princes) 혹은 기타 관원들(magistrates)도 대개는 동일한 역할을 수행해야 한다. 성경에서는 그들에 대해 교회의 양육하는 자들(nourishers of the kirk)로 불렸으며, 그들은 적어도 교회에 상처를 입히는 모든 것들을 방어하는 만큼이나, 교회를 유지(maintained), 육성(fostered), 지지(upheld)하는 자들로 있어야 한다.

베자(T. Beza)는 그의 신앙고백(1560)에서 교회에 관한 요점들을 기록했는데, 그 가운데 제42조에서 "시민과 기독교 관원과 그의 직무의 목적은 무엇인가"라는 제목 가운데서 "그러므로 내가 첫째로 권하노니 모든 사람을 위하여 간구와 기도와 도고와 감사를 하되 임금들과 높은 지위에 있는 모든 사람을 위하여 하라 이는 모든 경건과 단정함으로 고요하고 평안한 생활을 하려 함이라"(롬 13:1)는 말씀에 근거하여, "이런 이유로 관원(magistrate)은 특별히 그가 사용하고 집행하는 법이 하나님의 뜻을 따르는 것일 수 있는 자"라고 했다.[109] 그리고 같은 맥락으로 스코틀랜드 신앙고백 제24조에서 "(그들의 제국 가운데 있는 황제, 그들의 영토 가운데 있는 왕, 공작들, 그리고 그들의 지배권 가운데 있는 제후들 혹은 다른 자유시의 관원들은) 하나님의 거룩한 법령(롬 13)의 실현을 위하여 그 자신의 영광과 단지 사람의 유익을 위해 세우신 자들"이라고 했는데,[110] 여기 1항도 바로 그러한 맥락으로 "교회의 모든 회원들이 각기 자신들의 소명 안에서 그들의 능력이 되는 대로 예수 그리스도의 왕국의 확장을 위한 역할들이 있는 것이니, 그리스도인 군주들 혹은 기타 관원들도 대개는 동일한 역할을 수행해야 한다"고 했다.

또한 1항 후반부의 문구에서는 사 49:23절의 "왕들은 네 양부가 되며 왕비들은 네 유모가 될 것"이라는 말씀을 배경으로 "성경에서는 그들에 대해 교회의 양육하는 자들로 불렀으며, 그들은 적어도 교회에 상처를 입히는 모든 것들을 방어하는 만큼이나, 교회를 유지, 육성, 지지하는 자들로 있어야 한다"고 했다.[111] 그리고 이에 대해 대부분의 장로교인들과 심지어 장로교회를 반대하는 자들조차도 이러한 견해가 당연하게 받아들여졌으며, 제임스 6세(James Charles Stuart, 1566-1625)도 이러한 견해에 대해 크게 동의하며 찬사를 보냈다고 한다.[112]

---

109) James T. Dennison JR, 332.

110) 앞의 책, 204.

111) 이러한 성경해석은 칼뱅에게서도 동일하게 발견되는데, 기독교강요 4권 XX, 5.에서 "이사야가 왕들이 교회의 양부가 되고 왕비들은 유모가 될 것이라(사 49:23)고 약속했는데, 그렇다고 해서 그들에게서 영예를 빼앗지 않고 오히려 고상한 칭호(honorifico elogio)를 부여함으로써 하나님의 경건한 예배자들을 옹호하는 자들로 삼았다"고 했다.

112) David Calderwood, the history of the kirk of scotland(Edinburgh: Wodrow society, 1841), 53, 279.

⊕ point of view :

기독교인 관원들에게는 교회를 보호하고 도울 책임이 부여된다.

2

그리스도인 관원(magistrate)은 교회의 경건한 운영을 강화하고 돕는 모든 일들을 직무로서 수행해야 한다. 즉 교회에 속한 공적인 자산(public estate) 및 목회사역(ministry)이 하나님의 말씀을 따라 잘 유지되고 지속될(sustained) 수 있는 일에 속하는 것이어야 한다.

1장에서 "교회와 정치의 일반적인 의미, 그리고 시민정치와의 차이점"이라는 제목으로 된 진술의 15항에서 "관원은 교회의 재판을 돕고, 유지하고 강화해야 한다"고 했는데, 이 장의 2항에서도 동일한 맥락으로 "그리스도인 관원은 교회의 경건한 운영을 강화하고 돕는 모든 일들을 직무로서 수행해야 한다"고 했다.

그러나 2항에서는 조금 더 상세히 "교회에 속한 공적인 자산 및 목회사역이 하나님의 말씀을 따라 잘 유지되고 지속될 수 있는 일에 속하는 것"이라고 보충하고 있다. 이와 관련하여 칼뱅은 하나님께서 자신의 이름으로 통치자들을 임명하신 것은 단지 세상적인 쟁점들(*ternas deciderent*)만을 해결하고 그보다 더 중요한 쟁점들, 즉 하나님의 율법의 규정대로 그에게 순수하게 예배드리는 문제(*ipse pure coleretur deciderent*)에 대해 간과하시는 것처럼 생각해서는 안 된다고 했다.[113] 그러므로 특히 그리스도인 관원들에 있어서는 이 주제에 대한 이해와 실천의 문제가 필수적인 것이다.

⊕ point of view:

기독교인 관원들은 교회의 운영에 대해서도 도울 의무와 책임이 있다

---

113) Calvin, Institutes, Ⅳ, xx, 9.

교회가 거짓 교사(false teachers)나 삯군(hirelings)에 의해 상처를 받거나 공격을 받지 않도록 애쓰며, 벙어리 개(dumb dogs) 또는 게으른 욕심쟁이들(idle bellies)이 교회의 방들(rooms)을 차지 않도록 해야 한다.

1571년에 교회에 무단으로 침입하여 간섭하는 감독에 대해 항의하는 일이 벌어진바 있었다.[114] 그로 말미암아 정부는 교회의 설교목사의 직무를 보장해주고, 목사의 계속적인 사역을 위한 수입과 교회당이 성도들의 용도로 사용될 수 있도록 해 주었다. 이처럼 스코틀랜드 장로교회는 기독교 관원이 교회에 대해 "목회사역이 하나님의 말씀을 따라 잘 유지되고 지속될 수 있"도록, 또한 "교회가 거짓 교사나 삯군에 의해 상처를 받거나 공격을 받지 않도록" 해야 함을 명시하고 있다.

➕ point of view:

교회의 이단문제에 대해서도 기독교인 관원은 일정부분 담당해야 할 책무가 있다

---

114) Calderwood, iii, 145.

교회의 치리(discipline)를 유지하고 돕기 위해, 교회의 치리에 순종하지 않는 자를 사법적(civilly)으로도 처벌하되, 항상 한 관할권(one jurisdiction)을 다른 것과 혼동하지 않도록 해야 한다.

앞서 1장 4항에서 "교회의 권세와 정치는 세상 권세 혹은 국가의 시민 정부에 속한 권세와 정치와는 속성상 다르다"는 문구를 살핀바 있다. 또한 1장 4항은 "그럼에도 불구하고 이 두 권세는 모두 하나님께 속한 것이며 그 목적은 하나로서, 바르게 사용한다면 이는 하나님의 영광을 더 높이는 것이 되고 경건하고 선한 백성들을 증대시키는 결과를 낳는다"고 했다. 그런즉 제2치리서는 교회의 치리와 사법권을 한 목적으로 묶고 있는 것이다.

그런데 여기 10장 4항에서는 그 구체적인 실현으로서 "교회의 치리를 유지하고 돕기 위해, 교회의 치리에 순종하지 않는 자를 사법적으로도 처벌"할 수 있음을 명시하고 있다. 물론 그러한 사법권은 1장 10항에 명시하고 있는바 "세상 권세도 하나님의 말씀을 따라서 그들의 직분을 영적으로 행사하고 감당하도록 해야 한다"는 문구 가운데서 제한적으로 이해되어야 함이 분명하지만, 분명한 것은 제2치리서가 관원의 사법권이 하나님의 목적을 따라서 선하게 사용되도록 그 장(place)을 분명하게 확보하고 있다는 점이다.

그러나 제2치리서는 그처럼 사법권이 교회의 치리와 연계되도록 하는 가운데서도, "항상 한 관할권을 다른 것과 혼동하지 않도록 해야 한다"고 명시함으로써, 그런 경우에 사법권이 침범하지 말아야 할 경계를 분명하게 설정해주고 있다. 앞서 1장 10항에서 "세상 권세도 하나님의 말씀을 따라서 그들의 직분을 영적으로 행사하고 감당하도록 해야 한다"고 한 문구에서 알 수 있듯이, "관원은 설교를 하거나, 성례를 주관해서는 안 되며, 또한 교회를 감독하거나, 그것이 어떻게 행해져야 하는지에 대한 규정을 정해서도 안 된다"(1장 14항). 왜냐하면 "관원은 교회의 재판을 돕고, 유지하고 강화"하는 목적으로 교회의 영적인 권세와 공조(cooperate)하는 것이기 때문이다.[115]

⊕ point of view:

교회의 치리는, 경우에 따라 기독교 관원들과 연계되어야 할 필요가 있다.

---

115) 이 점은 현대적인 시선이 아니라 성경의 시선으로 볼 때에, 제2치리서가 교훈하는 명백한 중요점이다. 일찍이 로마가톨릭교회는 교회의 치리적 권세가 사법권과도 긴밀하게 연계되어 있었기 때문에 치리와 권징이 엄격하게 시행될 수가 있었는데 반해, 현대의 교회들에서는 그러한 연계가 기본적으로 분리되는 입장이어서 사실상 치리와 권징이 실효성이 없게 되어 버렸다. 반면에 제2치리서는 로마가톨릭과 같이 지나치게 정교일치의 폐단(마녀재판이나 카놋사의 굴욕과 같은 사건들에서 볼 수 있는 폐단)으로 치우치지 않으면서도, 현대의 교회들에서와 같이 되지도 않는 성경적인 선을 분명하게 제시하고 있다.

목회사역(ministry), 학교 그리고 가난한 자들에게 충분히 지원
(provision)이 되는지 확인하며, 만일 그들의 몫만큼 충분히 지원이
되지 않았다면, 빈한한 자에게 필요에 따라 그들에게 해당하는 몫을
제공토록 한다. 가난한 자의 재산을 위해서 그렇게 하듯이 그들이 상
해 및 폭력에 노출되지 않도록 할 뿐만 아니라 사기나 강도 혹은 그
같은 피해를 입지 않도록 해야 한다.

스코틀랜드 총회는 목회사역과 학교, 그리고 가난한 자들을 위한
적절한 조항에 대해 반복적인 청원으로, 정부의 대응을 이끌었다. 즉
1562년에서 1581년에 이르기까지 정부의 일련의 조치를 통해 실제
적인 수혜를 입을 수 있는 계기를 마련했던 역사가 있다.[116] "목회사
역, 학교 그리고 가난한 자들에게 충분히 지원이 되는지 확인하며,
만일 그들의 몫만큼 충분히 지원이 되지 않았다면, 빈한한 자에게 필
요에 따라 그들에게 해당하는 몫을 제공토록 한다"는 5항의 문구는,
바로 그처럼 실제적인 역사를 배경으로 하고 있는 것이다. 아울러 이
는 또한 1장 14항의 "목회자는 세상 재판권을 행사할 수는 없지만
세상 관원이 말씀을 따라 자신이 맡은 일을 행할 수 있도록 가르칠
수가 있다"고 하는 조항의 실천적인 역사이기도 하다.

116) James Kirk, 214.

또한 5항에서는 "가난한 자의 재산을 위해서 그렇게 하듯이 그들이 상해 및 폭력에 노출되지 않도록 할 뿐만 아니라 사기나 강도 혹은 그 같은 피해를 입지 않도록 해야 한다"고도 명시하고 있는데, 총회가 정부에 요청했던 청원으로 인해, 또한 정부는 학교와 가난한 자들을 위해 약간이나마 실질적인 대비를 했었던 것이다.

6

교회 재산(patrimony)은 불법적인 용도(unlawful uses)로 사용되지 않도록 하고, 게으른 욕심쟁이들(idle bellies)에게 넘어가지 않게 하며, 교회 안에서 합법적인 용도를 갖지 않거나, 목회사역, 학교들 그리고 가난한 자들과 다른 경건한 용도에 해가 되는 일이 일어나지 않도록 동일하게 부여해야 한다.

6항에서 다루는 문제는 현실적으로 교회에 아주 민감한 사항이라 할 '재산'(patrimony)에 관한 기독교 관원의 역할을 언급하고 있다. 그러므로 정교분리의 원칙에 따라 거의 독립적으로 운영되어 온 현대의 교회들에게 있어서는 쉽게 수긍하기 어려운 문제라 하겠다.[117]

그러나 제2치리서가 작성될 당시에도 교회 재산의 부정한 전용 및 사용과 관련한 문제가 상당히 심각했으며, 또한 교회의 통제를 떠난 수도원이 목회자들이 아닌 자들에 의해 운영되는 등의 여러 문제들이 산재해 있었기에, 그러한 문제를 해결할 수 있는 관원들의 역할과, 무엇보다 그러한 역할을 성경에 따라 시행할 수 있는 기독교 관원의 필요는 교회의 현실적인 사안이었다.

이 문제에 있어서 현대교회들, 특히 한국에 있는 현대 교회들이 거의 사유화되다시피 한 현실은 고스란히 6항의 문구를 상기하게 한다. 특히 여러 이단 교회들의 경우에 그 재산의 사유화 및 그를 바탕으로 한 영향력의 확장 등은 참으로 심각한 사회문제가 되어 있는 실정이다. 더구나 그러한 이단 교회들이나 사유화된 교회와 관련된 관료나 정치인들이 증가하는 추세에서, 민감한 교회 재산의 악용 및 유용 등을 감찰하거나 통제할 수 있는 실제적인 역할을 수행할 기독교 관원들의 배양은 현대 교회들에서도 반드시 숙고해야할 측면인 것이다.

---

117) 이 부분은 현실적인 필요와 더불어, 더욱 깊은 신학적이고 제도적인 연구, 특히 앤드류 멜빌이 주창한 장로교회 국가 시스템이 어떤 것이었는지에 관한 연구가 필요하다. 물론 현실 교회에 당장 적용하는 것은 전적으로 불가능하다. 그럼에도 불구하고 이 항에서 언급하는 문제는, 후기 기독교 혹은 기독교 타락의 상황과 형편에서 필연적으로 도래할 수밖에 없는 현안이며, 그 때에 바른 판단과 제안을 위해서도 깊이 숙고해 보아야 할 문제일 것이다.

교회 재산의 오용에 대해서도 기독교 관원은 관심을 갖고 도와야
한다.

7

교회 및 교회 정치(policy thereof)의 발전을 위해서는 하나님의 말
씀에 부합한 법과 제도들(constitutions)을 만들어야 하니, 이는 시
민의 칼(the civil sword)에 속하지 않는 모든 것들, 그러나 오로지
교회에 속한 모든 것들을 강탈당하지 않기 위함이며, 이는 마치 말
씀의 사역(the ministry of the word)과 성례와 같이 교회적 치리
(ecclesiastical discipline) 및 그 가운데서의 영적인 집행(spiritual
execution) 혹은 기타 영적 열쇠권, 즉 우리 주님께서 사도와 그의
참된 후계자들을 위해 주신 것들을 사용하도록 함이다. 비록 세상 왕
과 군주(kings and princes)라 할지라도 그들이 경건한 자들이라면,
때로는 그들의 권력으로, 경건한 유다의 몇몇 왕들과 신약시대의 여
러 경건한 황제들이 본을 보인 것과 같이, 타락하고 무너진 교회의
모든 질서를 바로잡기 위해 목회자들을 배치(place)하고 주님의 참
된 예배(true service)를 복원하는 일을 감당해야 한다. 하지만 교회
사역이 일단 합법적으로 이뤄지고 있고, 각자 맡은 일들을 신실하게
수행하고 있다고 한다면, 모든 경건한 군주와 관원들(princes and

magistrates)은 그들의 목소리를 듣고 경청하며, 그들이 전하는 하나님의 아들의 위엄에 경의를 표해야 한다.

7항의 내용들은 이미 규정한 1장 14항의 문구들을 바탕으로 하며, 또한 이는 전반적으로 멜빌(Andrew Melville, 1545-1622)의 주창한바 신앙체계와 유사하다.[118]

앞서 1장 14항에서는 "관원은 설교를 하거나, 성례를 주관해서는 안 되며, 또한 교회를 감독하거나, 그것이 어떻게 행해져야 하는지에 대한 규정을 정해서도 안 된다. 그러나 목회자는 말씀을 따라 법을 준행하라고 명할 수 있고 공적 수단을 사용해서 악인을 처벌할 수 있다. 목회자는 세상 재판권을 행사할 수는 없지만 세상 관원이 말씀을 따라 자신이 맡은 일을 행할 수 있도록 가르칠 수가 있다."고 규정했다. 한마디로 기독교 관원의 역할은 교회를 보호하고 말씀의 순수함(순수한 교리)이 지켜지도록 돕는 역할을 수행함으로써, 교회의 사역자들과 함께 하나님의 통치를 수행하는 것이라는 것이 제2치리서의 세상 권세(기독교 관원)에 대한 입장인 것이다. 그러므로 1장에서는 마지막 15항에서 끝으로 이르기를 "목회자가 외적인 것들에 있어 범법행위를 했다면 관원의 판결과 처벌을 따라야 하는 것처럼, 관원도

---

118) James Kirk, 215.

양심과 종교의 일에 있어서 범법행위를 했다고 한다면, 교회의 치리에 스스로 순종해야 한다"고 한 것이다.

이와 관련하여 멜빌은 교회의 신앙을 규정하거나 목회자에게 징계를 내리는 것은 위정자가 강요할 수 없으며, 그러나 하나님에 의해 임명된 사람과 다른 사람 양쪽 모두를 분별하기 위해 하나님의 말씀으로 신실하게 언명하는 것은 그의 종들의 목회사역에 속한다고 했다.[119]

그러나 스코틀랜드 총회와 의회 사이에 이뤄졌던 사적인 협의가 빈번했었던 것에서 알 수 있듯이 비록 위정자의 교회에 대한 권한의 한계가 명백했을지라도, 그럼에도 불구하고 관원들은 교회의 요구에 동참할 수 있도록 했다. 즉 교회의 실제적인 필요와 논의들을 파악하여, 교회의 실제적인 유익을 끼칠 수 있도록 그 역할을 수행하도록 한 것이다.

그러나 사실 이러한 위정자와 관원의 역할은, 반드시 기독교인 위정자로서의 정체성(세계관)을 확고히 지니지 않고서는 거의 불가능한 몫이라 할 것이다. 하지만 1장 4항에서 "교회의 권세와 정치는 세

---

119) David Calderwood, iv, 165.

상 권세 혹은 국가의 시민 정부에 속한 권세와 정치와는 속성상 다르"지만, "이 두 권세는 모두 하나님께 속한 것이며 그 목적은 하나로서, 바르게 사용한다면 이는 하나님의 영광을 더 높이는 것이 되고 경건하고 선한 백성들을 증대시키는 결과를 낳는다"고 한 것처럼, 교회와 시민 정부 사이의 관계에 대한 성경적인 정립은 현대 개혁주의 신학의 현실적이면서도 첨예한 개혁의 과제다.[120]

➕ point of view :

교회의 질서와 규정들을 위해서도 기독교 관원의 역할이 요구된다.

---

120) 이는 다음 11장의 제목을 고스란히 지향하고 있다.

11장: 교회 안에 현재까지 남은 채로 오용되므로, 우리가 개혁하고자 하는 것들
(Of the Present Abuses Remaining in the Kirk
Which We Desire to be Reformed)

경건한 관원들의 의무(duty)는 하나님의 자비로 그 분의 말씀 선포를 허락하고 참된 성례를 집행하도록 하는 현재의 자율권을 유지함과 같이, 마찬가지로 교회 안에 여전히 남은 채 오용되어 온 모든 것들을 제거하고 순전하게(utterly) 하는 것 또한 포함한다.

앞서 10장에서는 경건한 그리스도인 관원들에게 교회의 자율권을 보장하고 보호하며, 말씀의 온전함이 유지되도록 하고 교회의 재산이 오용되는 것을 막도록 하는 관원들의 역할을 당부했다. 그리고 여기 11장 1항에서는 그에 더하여 "교회 안에 여전히 남은 채 오용되어 온 모든 것들을 제거하고 순전하게 하는 것" 또한 "경건한 관원들의 의무"라고 명시하고 있다.

이미 제1치리서(the Book of Discipline, 1560)에서부터 관원이 교회에 자유와 권리를 부여하도록 명시했다. 또한 1579년에 총회는 제임스 6세에게 "하나님께서는 당신이 유일한 수단으로 선택되는 것을 싫어하십니다" 라고 하면서 "하나님께서는 교회를 온전히 자유롭게 할 수 있도록 적절한 계기를 제공하면서, 부패를 제거하기 위해 그의 말씀이 요구함과 같은 그러한 질서를 교회 안에 유지하며, 그리고 그것이 오래도록 항구적으로 유지되도록 하기를 원하신다"고 했다.[121] 즉 교회의 개혁을 위해 제임스 6세의 역할과 수고를 여전히 구했던 것이다. 그처럼 교회와 경건한 관원들이 제2치리서 1장 4항

에 명시한 바와 같이 함께 동일한 목적으로 나머지 개혁들을 위해서
도 힘써야 한다는 것이다.

2

그러므로 먼저, 섬김의 직책이 아닌 로마 가톨릭의 칭호(papistical
titles)를 사람에게 허용하는 것, 또한 개혁된 그리스도의 교회 안
에서 직무(function)를 갖지 않는 것(즉 하나님의 공의로운 판단
으로 대수도원장(abbots), 일시적인 성직록으로 이익을 얻는 자
(commendators), 소수도원장(priors), 수녀원장(prioresses) 및 기
타 이런 칭호들은 우상숭배로 결정되어 사라진 것들이다)이 흔한 오
용들이며, 이는 우리 가운데 임하시는 그리스도의 나라를 받는 것이
아니라 오히려 거부하는 것이다.

2항에서 지칭하는 로마가톨릭의 칭호(papistical titles)들이
란, 다른 아닌 '성직록'(beneficia)을 받으면서도 정작 목회적인 사
역을 감당하지 않는 로마가톨릭의 직제들을 말한다. 그러한 자들은
크게 '수도사'(monachi)들과 '세속 사제'(saeculares)라 부르는 자

---

121) James Kirk, 217.

들, 예컨대 주교직(*episcopatus*), 주임신부(*parochiae*), 참사회원 (*canonicatus*), 교구 사제(*personatus*), 지역장 신부(*decanos*), 지도 신부(*capellanos*), 원장 신부(*praepositos*) 등인데, 그러한 자들에 대해 칼뱅은 빈둥거리면서 성직록을 먹는 자들이라고 칭했다.[122]

이러한 로마가톨릭교회의 직제들은 공히 목회사역(말씀 설교와 권징, 성례의 시행 등)을 통해 회중을 섬기지 않으면서도 유지하고 있는 직책들이다. 그러므로 여기 2항에서는 "섬김의 직책이 아닌 로마 가톨릭의 칭호를 사람에게 허용하는 것"이 바로 "흔한 오용들"이라고 한 것이다.

또한 2항에서는 "개혁된 그리스도의 교회 안에서 직무를 갖지 않는 것"을 언급하면서, 이 또한 "흔한 오용들"이라고 했는데, 로마가톨릭교회의 '세속 사제'(saeculares)들이 바로 그러한 자들로서, 그러한 직책들의 경우에는 한 사람이 두 개 혹은 그 이상의 직책을 맡기도 하는 폐단 가운데 있었다. 칼뱅에 따르면 그러한 폐단에 대해 그레고리우스(Gregorius)조차도 한 사람이 수도사와 성직자를 함께 맡고 있는 것은 두 직분이 서로에게 방해가 되기 때문에 적절하지 않다는 것에 근거하여 수도원장이 된 자들은 교회의 직분에서 떠나라고까지 말했다고 한다.[123]

---

122) Calvin, Institutes, Ⅳ, v, 10.
123) 앞의 책, v, 8.

그러므로 칼뱅은 그러한 로마가톨릭교회의 직제와 관련하여 언급하기를, "성경은 장로의 의무가 자기의 교회를 다스리는 것(*propriam ecclesiam regere*)임을 공공연히 입증하고 있으므로(행 20:28), 이 의무를 다른 사람에게 전용하거나, 하나님의 거룩한 제도(*sacrum Dei institutum*)를 완전히 바꾸는 것은 사실상 경건치 못한 모독 행위"라고 강하게 질타했다. 그리고 이와 마찬가지로 여기 제2치리서 2항에서도 "이는 우리 가운데 임하시는 그리스도의 나라를 받는 것이 아니라 오히려 거부하는 것"이라고 비판하면서 시급히 개혁해야 할 것으로 규정하고 있는 것이다.[124]

---

124) 이러한 양상은 현대의 많은 장로교회들에서 다시 재현되어 있는 실정으로, 목회직이 아닌 직무로써 사례를 받기까지 하는 모든 직책들, 예컨대 총회의 유급 총무, 유급 이사 등의 직책을 병행하는 목사들이 바로 로마가톨릭교회의 '세속 사제'에 해당한다고 보아야 할 것이다.

구교(옛 교회)에 속했었던 그러한 것들로는 수녀원(chapters), 수도원 대성당(convents of abbeys)이 있으며, 이러한 것들은 현재 아무런 용도로도 전혀 사용되지 않고, 오직 세를 받거나(set fees) 임대(tacks)를 하는 실정이다. 만일 교회 안에 이러한 토지 및 십일조로 내는 땅(teinds)이 따로 남아있다면, 이는 일상적인 경험들이 가르치는바 교회에 아픔이 되고 위해를 가하는 일이기에, 이러한 것들은 철저하게 폐지되고 사라져야 한다. 이와 동일한 것으로 참사회장(deans), 대집사(archdeacons), 영창자(chantors), 부영창자(sub-chantors), 재무담당자(treasurers), 교구장(chancellors) 및 기타 이런 교황이나 그들의 교령(canon law)을 따라 나온 칭호들은 개혁된 교회(reformed kirk)에 설 자리가 없다.

3항은 2항에 이어서 '성직록'(*beneficia*)과 관련된 로마가톨릭교회의 잔재에 대해 명시하고 있다.

'성직록'이란, 성직에 따른 종교적인 의무(*officium*)를 수행하는 자들에게 교회가 지급하는 직봉(*praebenda*)을 가리키며, 그러한 성직록을 로마가톨릭교회가 지급하기 위한 수입원은 로마가톨릭교회의 동산과 부동산, 신도회나 국가에서 정기적으로 지불하는 돈, 신자들의 헌금, 사례금, 수당(*distributio*) 등인데,[125] 실질적으로 산자들의 헌금보다는 로마가톨릭교회의 동산과 부동산, 신도회나 국가에서 정기적으로 지불하는 돈의 비중이 훨씬 컸다.

그런데 종교개혁을 통해 로마가톨릭교회와 다른 교회로서의 장로교회를 형성한 이후로도 스코틀랜드에 여전히 로마가톨릭교회의 잔재들인 "참사회(chapters), 수도원 대성당(convents of abbeys)" 등이 산재해 있었고, 3항에 따르면 그런 부동산들이 "아무런 용도로도 전혀 사용되지 않고, 오직 세를 받거나 임대를 하는 실정"이었다. 더구나 로마가톨릭교회의 잔재로서, 유산으로 남기는 토지의 십분의 일을 교회에 헌납하는 '십일조 땅'(teinds)[126]도 여전히 남아 있어서, 그러한 동산과 부동산에 대한 문제가 여전히 개혁해야 할 대상으로 남아 있었던 것이다. 심지어 중세시대의 경우에는 국가 소유의 땅보다 교회 소유의 땅이 훨씬 많았을 만큼, 교회의 토지 소유의 문제가 심각했다.

또한 그처럼 교회 소유의 재산이 많아짐에 따라 성직록을 지급받는 직책의 수도 더욱 늘어나게 되었으니, 3항에서 언급하는 "대주교, 대집사, 영창자, 부영창자, 재무담당자, 교구장" 등이 그것이다. 그

---

125) dictionary.catholic.co.kr〉dictionary
126) 로마가톨릭교회의 '십일조 땅'과 유사한 실천이 한국의 여러 대형교회들 가운데서 한동안 장려되었던 적이 있다. 즉 유산(동산 혹은 부동산) 가운데 일부를 교회에 헌금하는 사례가 많았던 것이다.

리고 나중에는 그처럼 다양한 직책들에 대한 추천이 광범위하게 이뤄졌고, 그 추천에는 추천자에 대한 사례 혹은 공천헌금이 전제되어 사실상 매관매직과 다름없는 성직매매까지도 이뤄졌었던 것이다. 특히 임지가 없는 직책들이 생기게 된 데에는, 바로 그러한 배경이 깔려있었다. 그러나 칼케돈(Chalcedonesi) 공의회는 "목회할 의무가 없는 임직을 해서는 안된다"(*ne fiant absolutae ordinationes*)교결의 했는데, 칼뱅에 따르면 그 결의는 "임명된 자에게 어떤 직분을 맡기게 되면 그는 반드시 그곳에서 직무를 수행해야 한다는 것"이었다.[127] 제1치리서를 보완하여 제2치리서가 작성되었을 당시에는 아직도 그러한 폐해들이 남아 있으므로, 그러한 잔재들이야말로 교회 안에 남은 채로 오용되므로, 개혁하고자 하는 것들이라고 3항은 규정하고 있다.

---

[127] 현대의 교회들이 임지가 정해지지 않은 채로 목사안수를 시행하는 경우도, 바로 이같은 의미에 저촉되는 모습이라 하겠다. Calvin, Institutes, IV, v, 4. 참조

함께 묶여진(united) 교회 그리고 그들의 직책에 부가하여 결합된
(joined) 교회는 하나님의 말씀이 요구하는 바처럼, 분리되고 나누어
져서 자격 있는 목회자(qualified ministers)에게 맡겨져야 한다.

제2치리서에서 노회(Presbytery)제도가 지역순회 감독
(superintendents)의 역할을 대신하게 된 것에서 알 수 있듯이, 개
교회 치리회는 자체적으로도 교회의 행정적 업무를 처리하거나 감당
할 수가 있어야 하는 것이다.[128]

그러나 로마가톨릭교회에서는 '고위 성직자'(*Dignitates*)제도에
따라 참사회원(*canonici*)들에 의해 다섯 개 혹은 여섯 개의 교회를
다스리도록(*gubernandis*) 임명되어 왔다.[129] 따라서 그처럼 많은
성직록을 보유한 성직자들에 의해 함께 묶여(united)지거나 결합된
(joined) 교회들이 제2치리서가 작성될 당시에도 아직 많았다.

하지만 여기 4항에서는 그처럼 임의로 묶이거나 결합되어 관리되

---

128) 그러나 노회는 또한 그러한 개별 교회들을 돌아보고 감독하며, 또한 분쟁에 대해
중재하는 역할 등을 수행해야 한다.
129) 앞의 책, v, 7.

던 각각의 교회들을 분리하고 나누어 "자격 있는 목회자"(qualified ministers)에게 맡기도록 개혁할 것을 규정하고 있다. 그렇게 함으로써 고위 성직자제도와 같이 자신이 감당할 수 있는 정도를 넘어서서 독점적으로 군림하게 되는 폐단을 막을 수가 있으며, 아울러 칼케돈(chalcedonesi) 공의회가 규정한바 있는 "목회할 의무가 없는 임직을 해서는 안된다"는 규정을 따를 수가 있기 때문이다.[130] 이러한 개혁의 필요는 노회제도가 정착이 되면서 그 어떤 외부(관원)의 중재가 없이도 충분히 교회 자체적으로 실현이 가능하게 되었다.

---

130) 이러한 4항의 개혁의 취지를 현대 교회들에 적용하여 살펴보면, 심지어 특정한 지역 전체에 걸쳐서 이뤄지는 개별 교회의 교구제도를 대입해 볼 수 있을 것이다. 제2치리서 4항을 따라 생각해보면 그러한 결합 또한 나누어야 할 것인데, 회중주의 (독립교회주의)를 뿌리로 둔 개교회주의의 현대교회들과 성도들이 이에 대한 의식 고양과, 노회의 실제적인 행정력이 반드시 수반되어야만 비로소 가능할 것이다. 아울러 한 사람의 목사가 감당할 수 있는 목회의 규모에 대한 객관적인 지표 (index) 또한 필요하다.

교회 재산을 오용한 자들이 회의에서 투표권(vote in parliament)을 갖거나, 교회 혹은 교회회원(kirkmen)의 이름 아래 회의에 자리해서는 안 되며, 이는 교회의 자율권에 상처를 입히고 침해하는 것이므로, 개혁 교회의 지지(favour) 가운데서 개선하여(realm) 만들어진 법(laws)이다.

제2치리서가 작성되었을 무렵, 스코틀랜드에서 교회의 재산에 관한 문제가 가장 어려우면서도 풀기 어려운 문제였다.[131] 로마가톨릭 교도였던 메리 여왕의 폐위와, 뒤이은 제임스 6세를 대신한 모레이 백작(Mormaer of Moray)의 개혁파 노선은, 자연히 로마가톨릭교회의 실질적인 재산권을 행사했던 대주교(혹은 대감독)와 주교(혹은 감독) 등의 직제를 용인하여 도입하는 문제를 야기했다. 왜냐하면 로마가톨릭교회의 소유재산이었던 스코틀랜드의 많은 동산.부동산의 문제가, 그러한 직제를 도입함으로 합법(교회법)적으로 스코틀랜드 장로교회의 재산권행사를 가능하게 할 것이었기 때문이다.

그러나 스코틀랜드 총회는 그러한 직제의 도입이 명목상으로만 교회를 대표하는 지역순회 감독과 같은 것이라고 보았기에, 그러한

---

131) 이에 대해서는 맥그레고의 'the Scottish Presbyterian Polity'가 잘 설명하고 있는바, 리스회의(the Convention of Leith, 1571)에서 다뤄진 문제와 깊이 연관되어 설명이 된다. Janet G. Macgregor, 140-141.

정책에 반대하며 항거했다. 실제로 1560년 이후로 의회에서 가장 심각하게 논의되는 문제였다. 따라서 5항에서 말하는 "교회 재산을 오용한 자들"이란, 대표적으로 그러한 자들을 일컫는다.[132] 그러므로 5항은 그처럼 노회나 개별 교회의 직분자가 아닌 대감독이나 감독들과 같은 명목상의 직분자들이 "회의에서 투표권을 갖거나, 교회 혹은 교회회원의 이름 아래 회의에 자리해서는 안 된다"고 한 것이다.

무엇보다 그러한 제도의 도입은 "교회의 자율권에 상처를 입히고 침해하는 것"이기에, 그러한 자들이 회의에서 투표권을 갖거나, 교회 혹은 교회회원의 이름 아래 회의에 자리해서는 안 된다는 것이 "개혁 교회의 지지 가운데서 개선하여 만들어진 법"이라고 5항은 명시하고 있다.

---

132) Acts of the General Assembly, vol. I, 246.

이런 자들 가운데 5개, 6개, 10개 혹은 20개의 교회, 혹은 그 이상, 영혼들을 맡은 모든 자 그리고 그 가운데 있는 재산(patrimony)을 즐기는 자들이 왕(prince) 혹은 교회의 허락 하에 있을 지라도 그것은 결코 이 복음의 빛(light of the evangel) 가운데 있는 것이라 할 수 없으니, 이는 교회 개혁을 조롱하는 일이기 때문이다.

제1치리서(1560)는 '지역순회 감독'의 운용을 임시적인 제도로서, 로마가톨릭교회가 항상 고수해 오는 위계구조적 직제에 반대되는 (anti-hierarchical) 목사들의 동등성 원칙을 바탕으로 함을 분명하게 명시하고 있으나, 그럼에도 불구하고 그 직은 일시적이지 않았고, 감독제가 도입되게 하는 구실을 제공해주는 결과를 초래했다. 실제로 1572년과 1580년 즈음으로 명목상의 감독[실제 목회사역을 관할하지 않고 기존의 대감독이나 감독이 하던 역할을 수행하는 직제]이 등장했을 때에, 스코틀랜드 총회는 그러한 자들을 지역순회 감독이나 시찰자로 규정했다.[133]

여기 6항에서는 스코틀랜드 총회가 5항에서 명시한 "교회 재산을 오용한 자들"에 불과한 그런 자들에 대해 명백히 거부한 것을 반영하

---

133) Janet G. Macgregor, 150.

고 있는데, 왜냐하면 그러한 지역순회 감독의 용인으로 말미암아, 목
사직의 동등성 뿐 아니라 그들에게 부여되었던 문제를 야기한 교회
직분자들에 대한 직무정지'의 권한이나, 교회 재산에 대한 관할권 등
의 문제가 다시 심각하게 대두되었기 때문이다.

그리고 보다 더 커다란 불편함을 제거하고자, 참된 종교를 받아들인
성직자들이 종신토록 그런 옛 유물을 이전에 소유했던 것의 두 부분
[2/3]을 누려야 하는 것이 좋아 보인다 할지라도, 교회 안에서 그러
한 오용이 지속되고, 이러한 자리를 허용하고, 새로운 성직을 자격이
없는 자들, 즉 교회를 섬기는데 결코 자격이 없는 자, 게으르게 사는
자들에게 암흑시대(time of blindness)와 동일하게 대우를 하는 것
은 참을 수 없다.

1561년 무렵으로 이미 스코틀랜드에서는 로마가톨릭교회에 대
한 반대가 분명하게 표명되고 있었다. 그런 가운데 추밀원(Privy
Council)에서는 스코틀랜드의 로마가톨릭교회 재산에 대해 1/3세
(Tax)를 부과하여 국고로 삼고, 나머지 2/3로 로마가톨릭교회와 스
코틀랜드 장로교회의 성직자들의 생활을 위해 사용하도록 했다.[134]

그러나 실상, 그러한 추밀원의 계획에도 불구하고 기존의 로마가톨릭교회 재산에 대한 소유권은 여전히 그들 로마가톨릭 성직자들에게 있었고, 그에 대한 개혁교회들의 실제적인 수혜는 그들이 사직하거나 죽음으로써 공석이 생겼을 경우, 혹은 그 재산이 몰수되었을 경우에만 비로소 이뤄질 수 있는 일이었다. 그리고 정작 그러한 수혜를 받을 수 있는 자들은 여전히 목회자로서 봉사해야만 한다는 의무감이 없었다. 그러므로 그처럼 "교회 재산을 오용한 자들"이자 "자격이 없는 자들", 즉 목회직을 감당하지 않으면서 명목상 감독직을 계속 유지하는 것에 대해 우려할만한 근거가 제공되어 있었던 것이다. 바로 그러한 배경 가운데서 7항은 "이러한 자리를 허용하고, 새로운 성직을 자격이 없는 자들, 즉 교회를 섬기는데 결코 자격이 없는 자, 게으르게 사는 자들에게 암흑시대와 동일하게 대우를 하는 것은 참을 수 없다"고 명시하고 있는 것이다. 그러한 현실은 분명히 교회 안에 당시까지 남은 채로 오용되므로, 그들이 계속하여 개혁하고자 하는 것들이었다.

---

134) 앞의 책, 139-140.

그리고 1571년 우리 주님의 해에[135] 리스[1571년 1월 2일에 있었던 Leith에서 있었던 회의.]에서 내린 명령이 있는 한, 그러한 일이 있을 수 있고, 자격이 있는 것처럼 보일 수 있다. 유사한 명령이 모든 선한 명령을 반대하거나 혹은 그 외에도 그들 중 어느 누구도 세상 일 혹은 법정에서 일을 하기에 자격이 있는 자로 이해하는 것이 아니라 교회의 합법적인 허락 하에 하나님의 말씀을 가르치는데 자격이 있는 자로 이해해야 한다.

1571년 1월 2일에 스코틀랜드 에딘버러 북쪽에 위치한 리스(Leith)에서 있었던 회의에서는, 1560년에 지1치리서의 작성과 더불어 있었던 지역순회 감독의 기능을 대신하는 고위 성직자들의 역할을 인정하는 결정을 내렸다.

그러나 그러한 추밀원의 결정은 명목상 감독들인 고위 성직자들을 인정함으로써, 나머지 1/3에 해당하는 재산을 통해 막대한 부를 축적하려는 조치였다. 그러므로 스코틀랜드 총회는 동년 8월에 열린 총회에서 그러한 정부의 정책에 대한 반대를 표명했다. 그리고 이에 따라 1572년부터 제임스 6세의 두 번째 섭정제후에 등극했던 모톤

---

135) 오늘날 흔히 "주후"로 표현되는 문구.

(Morton) 경으로 하여금 교회정치 제도에 대한 근본적인 재검토를 위한 특별위원회를 설치하도록 이끌었다. 그러므로 결국 리스의 협약은 의회의 지지를 받지는 못했다.

이러한 상황들을 바탕으로 8항에서는 스코틀랜드 장로교회는 그처럼 스코틀랜드의 교회로부터 인정을 받을 수 있는 직분이란, "세상 일 혹은 법정에서 일을 하기에 자격이 있는 자로 이해하는 것이 아니라 교회의 합법적인 허락 하에 하나님의 말씀을 가르치는데 자격이 있는 자로 이해해야" 함을 규정하고 있다. 즉 명목상 감독인 고위 성직자 제도[136]를 근본적으로 부정하는 맥락[137]이 무엇인지를 분명하게 명시한 것이다.

---

136) 그러한 직분에 대해 세상 일 혹은 법정에서 일을 하기에 자격이 있는 자로 이해하는 제도.
137) 그러한 직분을 교회의 합법적인 허락 하에 하나님의 말씀을 가르치는데 자격이 있는 자로 이해해야 함.

감독(혹은 주교, bishops)들에 관해서는, 만일 '감독관'($\epsilon\pi i\sigma\kappa o\pi o\varsigma$)이라는 이름이 합당하다면, 그들은 이전에 선포한 것과 같이 목회자들(ministers)과 모두 동일하다. 왜냐하면 그 명칭은 우월함(superiority)과 주권(lordship)의 명칭이 아니라 살펴보는 직무(office)의 명칭이기 때문이다. 그러나 교회의 타락으로 인해, (다른 것들과 마찬가지로) 이 명칭은 악용(abused)되었으며, 또한 그럴 가능성이 있다. 따라서 우리는 이처럼 새로 선출된 감독의 방식(fashion)이나 그들을 선출하도록 선정된 기관인 사제단(chapters) 어느 쪽도 허용할 수 없다.

지역순회 감독을 대치한 고위 성직자로서의 대감독이나 감독의 칭호는, 기본적으로 위계 구조적 직제(hierarchical)를 반영하는 것이다. 반면에 '감독'이라는 칭호와 관련해서 이미 4장 1항에서 "목사, 감독 혹은 목회자는 특정 회중의 임명을 받은 자로서, 주님의 말씀을 따라 지도하며, 그들의 회중을 살찌워야 한다"고 규정한 것을 살핀바 있다. 그러므로 여기서는 그 호칭이 목회자(ministers)의 호칭임을 재차 상기시키고 있다.

더구나 감독이라는 명칭이 헬라어 '$\epsilon\pi i\sigma\kappa o\pi o\varsigma$'를 번역하는 것이라면, 그 명칭은 분명 "우월함과 주권의 명칭이 아니라 살펴보는(watching) 직무의 명칭"이라고 9항에서는 부연하고 있다. 그러므로 성경적인 감독의 호칭은, 돌아보며 살피는 직무를 수행하는 자를 일컫는 것이지 더 높거나 우월한 자로서의 감독을 지칭하는 것이 아니다. 4장 1항에서도 그러므로 "감독이라 부름은 그들이 그 무리를 잘 지켜내기 때문"이라고 했다.

무엇보다 9항은 "우리는 이처럼 새로 선출된 감독의 방식이나 그들을 선출하도록 선정된 기관인 사제단 어느 쪽도 허용할 수 없다"고 했는데, 왜냐하면 이미 "교회의 타락으로 인해, 이 명칭은 [그 동안] 악용되었"기 때문이다. 그러므로 그런 것들이 허용된다면, 언제든지 다시 악용될 가능성이 있는 것이다. 실제로 스코틀랜드 장로교회는 지역순회 감독자를 대신하는 대감독과 감독의 호칭을 일절 거부하고, 노회의 기능을 더욱 강조하고 뿌리내리도록 했다.

10

진정한 감독(혹은 주교)은 특정한 한 회중(one particular flock)에 헌신하는 자들로서, 그 중 일부는 거부(refuse)하니, 그들은 결코 이 사람들[9항에서 언급한 자들]처럼 형제들 위에서 주관하거나 그리스도의 유산(inheritance)을 강탈하려 해서는 안 된다.

제임스 6세의 두 번째 섭정제후 모톤(Morton) 경에 의해 설치된 교회정치 제도에 대한 근본적인 재검토를 위한 특별위원회는 1575년에 감독에 대하여 "감독의 이름은 특정한 양 무리에 속하는 모든 이들에게로" 한정한다고 했다. 이에 따라 1576년에는 Dunblane, Ross 및 Moray의 감독들은 교구 사역을 받아들이기로 동의했다.[138] 10항의 "진정한 감독(혹은 주교)은 특정한 한 회중에 헌신하는 자들로서"라는 문구는 바로 이 같은 배경 가운데서 언급되는 문장이다.

그러나 10항의 "그 중 일부는 거부하니"라는 문구에서 알 수 있는 바와 같이, 다른 다수의 감독들은 여전히 양 무리를 이끄는 일에 속하지 않는 명목상의 감독들(혹은 세속 사제)로 있었기에, 10항에서는 끝으로, 그들이 "형제들 위에서 주관하거나 그리스도의 유산을 강탈하려 해서는 안 된다"고 규정하고 있다.

---

138) James Kirk, 222.

목사는, 그들이 목사로 있는 한, 그들에게 주어진 권한 밖에서, 많은 교회들을 시찰할 직무(office of visitation)를 그 목회(pastorship)에 부여받지 않았다. 감독(주교)이 합법적인 권한을 넘어서 시찰하는 것은 타락의 일종일 뿐이다. 아무도 시찰의 직무를 가질 수 없으며 오직 노회(presbytery)가 법을 따라 선택한 사람이 시찰의 직무를 지닌다. 잘 정립된 장로회(elderships)는 한 명 혹은 그 이상의 시찰자(visitors)를 그들의 장로권(eldership)의 영역 안에 있는 곳을 방문할 위원회와 함께 파송할 권한이 있으니, 그와 같이 그들을 선정한 후에 그들을 계속하게 하거나, 때때로 그들을 옮길(remove) 때에, 그 일은 항상 장로회에 돌려져야 한다.

앞서 7장 5항에서 "한 사람이 많은 교회를 시찰할 권한은 일반적인 교회의 업무상 없다"고 규정한 것을 따라서, 여기 11항에서도 "감독(주교)이 합법적인 권한을 넘어서 시찰하는 것은 타락의 일종일 뿐이다"라고 또다시 규정하고 있다. 실제로 1576년에는 감독들이 효과적으로 감독하기에는 너무 큰 교구들을 적절하게 방문할 수 있도록 더 작은 단위로 나누고자 한 요청이 이러한 맥락에서 거부된 일이 있었다. 그러므로 11항의 서두에 언급하는바 "목사는, 그들이 목사로 있는 한, 그들에게 주어진 권한 밖에서, 많은 교회들을 시찰할 직무를 그 목회에 부여받지 않"은 것이다.

특별히 여기 11항에서는 "아무도 시찰의 직무를 가질 수 없으며[139] 오직 노회가 법을 따라 선택한 사람이 시찰의 직무를 지닌다"고 했는데, 이 또한 7장 5항에서 이미 규정한바 "감독이라는 이름이 오직 이런 시찰자에게만 붙는 것은 아니며, 오직 한 사람으로 제한하지 않지만, 필요에 따라 자격 있는 사람을 파송하는 것 또한 장로회의 역할이다." 라고 한 문구를 그대로 따른 것이다. 따라서 11항은 덧붙여서 "잘 정립된 장로회는 한 명 혹은 그 이상의 시찰자를 그들의 장로권의 영역 안에 있는 곳을 방문할 위원회와 함께 파송할 권한이 있으니, 그와 같이 그들을 선정한 후에 그들을 계속하게 하거나, 때때로 그들을 옮길(remove) 때에, 그 일은 항상 장로회에 돌려져야 한다"고 더욱 상세히 언급하는 것이다. 이 같은 맥락으로 총회는 1576년에 '권세는 시찰자(혹은 방문자)에게 있는 것이 아니라 교회에 있다'고 했으며, 1580년에 이르러서는 시찰자의 직무와 관련한 모든 것들이 노회를 통해 나와야 한다고 결정했다.[140]

---

139) 시찰의 권한이 시찰자 개인에게 부여되는 것이 아니라는 말이다. 오히려 시찰자는 노회에서 보낸 직임을 감당할 뿐이다.
140) The Booke of the Universal Kirk: Acts and Proceedings of the General Assemblies of the Kirk of Scotland, I, 357; ii, 469.

목회자가 사법권(criminal jurisdiction)을 행사하는 것도 부패이다.

목회자의 사법권에 대한 문제는 이미 제1치리서(1560)에서 목회자들은 사법회의의 회원자격이 부여되지 않은 것으로 선언된바 있다. 1560년대 총회에서는 갤러웨이(Galloway) 감독과 오크니(Orkney) 감독을 상대로 사법회의(the privy council)와 사법 협회(college of justice)에 대한 임명을 받아들임으로써, 교회 치리와 사법권의 관계를 혼란에 빠뜨린다고 항의한 적이 있었다. 또한 1572년 3월 3일의 총회에서는 이를 더욱 일반적으로 확인하였으며, 1578년의 총회에서는 감독들이 사법권을 침탈한 것이라고 분명하게 비난했다.[141]

이처럼 스코틀랜드 장로교회는 일관되게 목사들에게 사법권을 부여하는 것을 반대했으며, 12항에서 이를 더욱 분명하게 규정하고 있다. 그러므로 이에 대해서는 잉글랜드에서도 비슷한 입장이었다.

---

141) James Kirk, 224.

감독(혹은 주교, bishops)이 목사의 목사가 되고, 많은 무리의 목사가 되며, 하나의 특정한 회중(certain flock)이 없거나, 통상적인 가르침(teaching)도 없는 것은 하나님의 말씀에 동의되지 않는 일이다. 그들을 형제애의 교정(correction)에서 면제하거나, 그들이 섬기게 될 교회의 특정 장로회에 속한 치리권(discipline)에서 면제되어야 한다는 것은 성경에 위배된다. [이는] 그들 중 누구도 다른 교회들의 시찰의 직무(office of visitation)를 강탈하거나, 다른 사역자들(ministers)과는 다른 어떤 역할(function)을 수행하는 것도 마찬가지이며, 다만 교회에 의해 그들에게 헌신하도록(committed) 한 것만을 행해야 한다.

총회는 1578년 10월에 감독들에 대해 '개별 장로회'(particular elderships)보다 위에 있는 직분이 아니며, 오히려 개별 장로회와 동일하게 여기도록 해야 한다고 했다. 그러므로 그들은 시찰구역을 지정할 수 없으며, 교회들도 그들을 받아들일 이유가 없다고 판단했다. 왜냐하면 만일에 기존과 같은 기능을 수행한다면, 이는 노회제도에 역행하며 노회의 질서를 파괴하게 될 것이기 때문이었다.[142]

---

142) 앞의 책, 225.

여기서 '개별 장로회'란 단순히 교회의 당회(session)를 말하는 것이 아니라, 인접한 몇몇의 회중(congregations)이나 '노회' (presbytery)를 말한다. 이는 1579년의 총회가 이미 행정적 단위로 존재하는 가운데서 이뤄졌기 때문에 더욱 실재적인 것이었다. 또한 그에 따라 지역순회 감독의 역할을 대신하여, 다시 대감독이나 감독의 직제를 도입하려고 했던 움직임은 완강히 거부될 수밖에 없게 되었다.

이러한 배경들 가운데서 13항은 "감독(혹은 주교)이 목사의 목사가 되고, 많은 무리의 목사가 되며, 하나의 특정한 회중이 없거나, 통상적인 가르침도 없는 것은 하나님의 말씀에 동의되지 않는 일"이라고 한 것이며, 아울러 "그들을 형제애의 교정에서 면제하거나, 그들이 섬기게 될 교회의 특정 장로회에 속한 치리권에서 면제되어야 한다는 것은 성경에 위배된다"고 분명하게 규정하고 있는 것이다.

마찬가지로 "다른 교회들의 시찰의 직무를 강탈하거나, 다른 사역자들과는 다른 어떤 역할을 수행하는 것도" 위배되는 것이다. 즉 감독이라는 호칭은, 다른 목사들에 대한 호칭과 기본적으로 전혀 다르지 않은 것이다. 그러므로 "교회에 의해 그들에게 헌신하도록 한" 것, 즉 "교회의 합법적인 허락 하에 하나님의 말씀을 가르치는데 자격이 있는 자"(8항)로서의 직무를 담당해야만 하는 것이다.

14

그러므로 현재의 감독(혹은 주교, bishops)은 하나님의 말씀이 그들에게 요구한 명령에 부합해야 하고, 교회적인(ecclesiastical) 혹은 시민의(civil) 문제들에 있어 일반적인 교회에서 그들에게 부여한 권한을 벗어나지 말아야 하며, 그렇지 못할 경우에는 교회의 모든 직임(function)에서 해임해야 한다.

이와 관련하여 1578년에 총회는 감독들이 그들 스스로 자신들의 부패를 개혁하도록 요구했고, 1580년에는 대회(synods)로 하여금 어느 감독의 강탈에 대해 조사하도록 했으며, 급기야 1582년에는 그러한 감독들이 노회에 의해 재판을 받는 일들이 실제로 일어났다.[143]

---

143) 앞의 책, 226.

15

그러나 목회자들(ministers)은 그들의 군주(princes)가 원할 경우, 말씀에 합당하다면 그것이 회의(council)이든, 의회(parliament) 혹은 다른 것이든, 자신에게 허락된 일을 소홀히 하지 않는 범위 안에서, 또한 세상 군주에게 아첨하지 않고, 교회의 공공 자산에 해를 끼치지 않는 범위 안에서 도와야 하는 것을 우리는 부정하지 않는다. 그러나 일반적으로 우리는 교회의 칭호 아래에 있는 사람은 누구든지 로마 가톨릭(Papistry)에서 오용된 칭호, 즉 수도원장(prelates), 수녀원(convents) 그리고 사제단(chapters)과 같은 것들에 대해서는 교회의 이름 가운데서 어떠한 조치(act)를 내려야 하며, 회의 혹은 의회의 어느 쪽, 또는 의회 밖에서, 이 영역에 대한 개혁교회의 위임사항은 없다.

15항에서는 지금까지 일반적으로 거부되었던, 목사들에게 사법권이 부여되는 것에 대한 예외적인 경우를 언급한다. 즉 "그들의 군주가 원할 경우", 그리고 "말씀에 합당하다면" 일반적인 상황과는 달리 "자신에게 허락된 일을 소홀히 하지 않는 범위 안에서, 또한 세상 군주에게 아첨하지 않고, 교회의 공공 자산에 해를 끼치지 않는 범위 안에서"라는 단서 가운데, "의회이든, 평의회 혹은 다른 것이든"[144] 맡겨진 일을 수행할 수 있는 것이다. 이는 1장 15항에서 "목회자는 자신이 속한 군주들이 말씀에 부합한 정치를 할 수 있도록 도와야 하며, 다만 시정에서의 업무에 개입하여 자신들의 책임을 소홀히 하지 않는 범위 내에서 세상일을 돕도록 한다"고 규정한 것이기도 하다.

이와 관련하여 1576년에 베자(Beza)는 스코틀랜드에 대해 조언하기를, 왕국의 공적인 영역에서 감독들이 발언권을 갖는 자리에 앉는 것은 하나님의 말씀에 반하는 명백한 잘못이며, 말씀에 따라 그러한 것은 완전히 폐지되어야 한다고 했다. 그런즉 15항에서 인정하고 있는 예외적인 역할의 수행은, 어디까지나 도우며 조언하는 선에서의 역할이지 결코 발언권을 가지고서 주도하는 것은 아닐 것이다.

그러나 15항은 "로마 가톨릭에서 오용된 칭호, 즉 수도원장, 수녀원 그리고 사제단과 같은 것들에 대해서는 교회의 이름 가운데서 어떠한 조치를 내려야" 함을 규정하고 있다. 그리고 "의회 혹은 평의회의 어느 쪽"에서도, 그리고 의회와 평의회 밖에서 그 사항에 대한 "개혁교회의 위임사항은 없다"고 규정했다. 그러므로 1578년 총회에서 이와 관련하여 누구도 교회의 위임이 없이 교회의 이름으로 투표할 수는 없었다. 뿐만 아니라 더 이상 사제단(chapters)에서 감독 선출이 이뤄지지 않고, 총회의 승인이 없이도 이뤄지지 않도록 했

---

144) 이러한 문구로 볼 때에 그처럼 군주들의 요청에 따라 시민정부의 일을 감당하게 되더라도, 그것은 능동적으로 행할 수 있는 일들이라기보다는 돕는 역할로써의 의회원과 같은 역할임을 짐작할 수 있다. 아울러 "부정하지 않는다"는 문구를 통해서도 적극적이라기보다는 상황에 맞춰 적절하게 판단하는 입장을 파악할 수가 있다.

다. [145)

이러한 모든 개혁의 사항들은 "교회의 이름 가운데서" 조치해야만
하는 것이니, 앞서 5항에 명시한바 "교회 재산을 오용한 자들이 회의
에서 투표권을 갖거나, 교회 혹은 교회회원의 이름 아래 회의에 자리
해서는 안 되며, 이는 교회의 자율권에 상처를 입히고 침해하는" 일
이 일어나지 않도록 한 것이다.

16

리고 의회의 법령(act)에 따라, 로마 가톨릭(Papistical) 교회와 사
법권(jurisdiction)은 동일한 영역 내에 성립할 자리가 없으며, 그
어떤 감독(주교)이나 다른 고위성직자(prelate)도 차후로 그의 권
위에서 나오는 사법권을 사용할 수 없다. 또한 다른 교회에 대한 재
판권은 이 영역 내에서 인정할 수 없다. 그러나 현재의 개혁된 교회
(reformed kirk), 그리고 그 곳으로부터 흘러나오는 것들은 인정한
다. 그러므로 대성당 혹은 수도원, 추기경단(colleges) 혹은 다른 수
도원에서 로마 가톨릭 방식으로 사제단을 유지하는 것은 교회의 권

---

145) James Kirk, 227.

위와 이름을 찬탈함과 동시에 교회의 자산에 상처를 가하는 것이며 또한 교회에 위해를 끼치는 행위이다. 왜냐하면 1560년 우리 주님의 해에, 그것은 참된 교회와 국법(laws of the realm)의 자율권에 반하는 부패와 오용된 것이라고 규정했고, 그러므로 그처럼 오용된 것들은 앞으로는 무효화되고 줄어들며, 완전히 소멸되어야 한다.

16항에서 언급하는 1560년은 제1치리서와 관련된 해가 아니라 '개혁 의회'(혹은 종교개혁 의회, reformation parliament)와 관련한 해를 지칭한다. 따라서 개혁 의회에서는 "의회의 법령에 따라, 로마 가톨릭 교회와 사법권은 동일한 영역 내에 성립할 자리가 없"다고 한 것이다.[146] 한마디로 "그 어떤 주교나 다른 고위 성직자도 차후로 그의 권위에서 나오는 사법권을 사용할 수 없"다는 것이다.

사실 중세 로마가톨릭교회의 권징은 사법권을 포괄하는 것이었기 때문에, 지극히 실재적인 것이었다. 심지어 고문이나 생사여탈(life or death)의 막강한 권세였던 것이다. 특히 "감독(주교)이나 다른 고위 성직자"들의 경우에는, 실질적인 사법권을 사용하는 점에서 그 영향력과 권세가 막강했는데, 그로인한 폐단이 극심했던 것은 물론이었다.[147] 더구나 그런 고위 성직자들에게는 "다른 교회에 대한 재

---

146) 이러한 측면에서 제2치리서는 세속 권세에 대한 경계(watch)가 아니라 교회 권세에 대한 경계 가운데서 정교분리적인 언급을 두고 있는 것이다.

판권"까지 행사했으나, 16항에서는 그러한 모든 것들을 인정하지 않고 있다. 그러므로 1560년에 개혁 의회는 법률을 제정하여 그처럼 사법권을 병행하는 것이 "참된 교회와 그 교회법의 자율권에 반하는 부패와 오용된 것이라고 규정"했다.

그러나 교회의 영적인 권세와 사법권을 명백히 분리하면서도 세속 권세의 요구에 따라 조언하거나 협력할 수 있도록 한 개혁교회(reformed kirk)와 질서에 대해서는 여전히 유효하며 인정됨을 16항은 규정하고 있다. 그리고 실제로도 스코틀랜드 의회는 1567년에 개혁교회를 '참된 교회'로 인정했으며, 개혁교회와 그 관할권에 대하여 인정하는 법령이 1579년에 비준되었다.[148]

---

147) 또한 그러한 고위 성직자들이 모임이 바로 '사제단'(chapters)이었다.

148) Acts of the Parliaments of Scotland, iii, 24-5, 137-8. James Kirk, 227. 재인용.

17

로마 가톨릭 사법권(papistical jurisdiction)에 대한 종속은 연합된 위원들의 재판권으로서, 그들이 교회 문제에 간섭하거나 교회의 위임(commission)을 받지 않는 한 그 재판권은 폐지되어야 한다. 그러나 그러한 것들은 모든 것들이 무질서했던 때인 국왕의 어머니[메리여왕] 시절에 세워졌던 것들이다. 그들 중에는 교회에서의 역할(function)을 맡은 이가 없는 데도 목회자(ministers)를 심판하고, 그들을 그 자리에서 해임하는 것은 참으로 무모한 일이다. 그러므로 그들은 교회의 일에 결코 관여해서는 안 되며, 그렇지 않으면 그들이 판단할 수 있는 문제로만 제한하여 교회의 자율권에 상처를 주어서는 안 된다.

1561년 3월 2일에 추밀원은 개별 교회의 당회(a kirk session)의 조언을 들은 지역순회 감독이 이혼에 대한 모든 행동들을 분별하며 결정할 뿐만 아니라, 성인 범죄에 대해서도 그래야 한다고 결정했었다. 그리고 1561년 12월에 메리 여왕(Mary, Queen of Scots, 재위 1542-1567)은 지역순회 감독에게 이혼 사건에 대한 판결을 지시했다.

17항에서는 바로 그러한 시절[로마가톨릭교도였던 메리 여왕의 시절]을 상기하며, "로마 가톨릭 사법권(papistical jurisdiction)에 대한 종속은 연합된 위원들의 재판권으로서, 그들이 교회 문제에 간섭하거나 교회의 위임을 받지 않는 한 그 재판권은 폐지되어야 한다"고 한 것이다.

로마가톨릭교회의 제4차 라테란 공의회(*Concilium Lateranense IV, 1215*)의 법령(*Constitutiones*) 가운데 42조를 보면, "성직자들이 교회의 자유를 구실로 자신들의 사법권(*iurisdictionem*)을 세속적 정의의 문제에까지 확산하는 것을 금하는 바"[149]라고 한 것을 볼 수 있는데, 그만큼 로마가톨릭교회의 사제들에 의해 행사되는 사법권이 세속 권세의 영역에까지 침범하는 일이 많았고, 고위 성직자들이 개별 교회들의 문제를 관할하여 사법적 징벌까지 부가하는 일이 통상적이었던 것이다. 그러므로 1561년의 추밀원과 메리 여왕의 지역순회 감독에 관한 지시는 그러한 로마가톨릭교회의 재판권 행사를 인정하는 조치였다.

특히 17항은 고위 성직자제도의 고질적인 병폐였던 개별 교회에서의 목회적인 역할을 맡지 않고서 지역을 순회하며 개별 교회의 자율성을 크게 훼손하는 문제에 대해, "그들 중에는 교회에서의 역할(function)을 맡은 이가 없는 데도 목회자를 심판하고, 그들을 그 자

---

149) J. Alberigo etc, Conciliorum Oecumenicorum Decreta II, 김영국 외 역,「보편 공의회 문헌집 제2권 전편, 제1~4차 라테란 공의회 · 제1~2차 리용 공의회」(서울: 가톨릭출판사, 2009), 253.

리에서 해임하는 것은 참으로 무모한 일"이라고 하면서, "그들은 교회의 일에 결코 관여해서는 안 되며, 그렇지 않으면 그들이 판단할 수 있는 문제로만 제한하여 교회의 자율권에 상처를 주어서는 안 된다"고 규정한 것이다. 더구나 노회제도가 정착되어 감에 따라, 그러한 지역순회 감독의 역할은 급속히 대체되는 방향으로 개혁해야 할 문제였다.

18

이전에 교황의 교회에 속하는 자산에 속했던 자들, 또한 로마 가톨릭의 칭호(papistical titles)로 새로이 인정된 자들, 그 분야의 법에 따라 교회 임대(rents)의 2/3를 소유하는 것을 허용하는 자들, 종신토록 그들에게 부여하고 배당한 할당량을 허용하는 그들에게는 결코 더 이상의 자율권을 허용하면 안 된다. 그러나 종신토록 그들에게 수여하고 배당한 몫을 허용하는 것, 그들이 이전에 가졌던 오용된 칭호 아래에서는 아니지만, 교회 자산을 처리하거나, 그들의 임의로 수수료를 받고서 임대를 하는 것 등은 교회 및 모든 선한 양심과 질서에 크게 반하는 것으로서, 교회의 토지 위에서 살아가는 가난한 노동자들에게까지도 상처를 입히는 일이다.

앞서 7항에서 "성직자들이 종신토록 그런 옛 유물을 이전에 소유했던 것의 두 부분[2/3]을 누려야 하는 것이 좋아 보인다 할지라도, 교회 안에서 그러한 오용이 지속되고, 이러한 자리를 허용하고, 새로운 성직을 자격이 없는 자들, 즉 교회를 섬기는데 결코 자격이 없는 자, 게으르게 사는 자들에게 암흑시대와 동일하게 대우를 하는 것은 참을 수 없다"고 한 내용과 연계되어 있는 18항은, 교회 안에서 여전히 지속괴고 있는 그러한 오용 가운데 있는 자들에 대해 "그들에게는 결코 더 이상의 자율권을 허용하면 안 된다"고 명백하게 규정하고 있다.

앞에서 이미 언급된 바와 같이, 중세시대를 통해 막대한 부를 축적한 로마가톨릭교회는, 그 이후로도 로마가톨릭교회 소유의 재산과 그 재산에 대한 권리를 지닌 사제들로 인한 폐해를 여전히 끼치고 있었다. 거기에 더해 교회 소유의 재산, 특히 토지의 1/3에 대한 세금 징수와, 그 외 2/3에 대해서는 사제들의 생활과 보조를 위해 사용하는 것을 용인하고자 했던 1561년 추밀원의 계획은, 고스란히 농민들에 대한 착취로써 자리하도록 하는 결과를 야기하고 있었던 것이다. 그러므로 제1치리서와 초창기 총회의 법령에 표시된 것과 유사하게 '가난한 노동자'에 대해 권고하는 것으로 18항은 언급하고 있다.

이러한 배경을 바탕으로 하는 권고는 나중에 13장 4항에서 "십일조의 토지(teinds)에서 수고하는 노동자들에게 위로가 될 것이며, 짧게는 지금까지 교회 성직자라 불리던 거짓된 자들에게 힘들게 당한 그 모든 것들, 즉 임대인, 대리인, 시종들과 착취자들의 손길로부터 자유롭게 될 것이다"라는 문구로서 상세히 다뤄지는데, 특별히 이전까지 교회재산에 대한 잘못된 분배와 사용으로 말미암은 폐단, 그리고 교회 재산권의 오용으로 인한 지속적인 부의 축적 등으로 인해, 실제로도 많은 농민들과 가난한 노동자들이 직접적인 착취를 당하는 실정이었던 것이다. 당시까지도 일부 농부들은 그들이 점유한 토지의 일부라도 집과 함께 소유할 수 있었지만, 쟁기꾼(ploughmen)이나 목동(shepherds)들의 경우에는 오직 고용을 위한 노동력만을 소유할 뿐인 실정이었다. 그러므로 교회(특히 개혁교회)와 사회 전체가 그러한 착취와 압제에 대한 책임을 지고 있었던 것이다.

그러므로 18항에서는 "그들의 임의로 수수료를 받고서 임대를 하는 것 등은 교회 및 모든 선한 양심과 질서에 크게 반하는 것으로서, 교회의 토지 위에서 살아가는 가난한 노동자들에게까지도 상처를 입히는 일이다"라고 명시하여, 기존에 로마가톨릭교회의 소유였던 토지에서 일하는 농부들과 노동자들에 대한 배려와 지원을 요구하고 있다.[150)]

---

150) 이러한 부분에서 특히 개혁교회인 스코틀랜드 장로교회의 집사 직분이 감당하는 직무의 중요성이 강조된다.

12장: 우리가 간절히 원하는 개혁의 특정 항목들
(Certain Special Heads of Reformation Which We Crave)

1

교회의 직무(offices)에 관한 일, 그 직무 맡은 자의 권세, 그들에게 동반된 권력, 그리고 마지막으로 교회의 소유재산에 관한 일은, 하나님께서 우리의 손을 통해 개혁하길 원하시는 부분으로 이해하며, 교회는 하나님의 말씀에 부합하는 명령을 따라야 한다. 그러나 몇 가지 항목, 특히 교회의 재산에 관하여, 또한 우리가 원칙적으로 교회 안에서 개혁해야 할 것들이 있으므로, 다음 항목으로 정리를 했다.

스코틀랜드 장로교회의 개혁과 관련해서는 일반적으로 제2치리서의 거의 모든 내용들이 1592년에 의회의 승인을 얻어서 합법적인 스코틀랜드 장로교회의 헌법으로 채택되었다.

그러나 맥그레고(J. Macgregor)에 따르면 구교인 로마가톨릭교회의 재산에 대한 처리 문제와 관련한 내용들은, 정부와 로마가톨릭교회, 그리고 스코틀랜드 장로교회와 백성들 사이의 민감한 이해관계 가운데서 1592년 의회의 승인에서 제외되었다고 한다.[151] 하지만 그럼에도 불구하고 여기 1항에서는 그처럼 민감한 문제에 대해서도 "교회는 하나님의 말씀에 부합하는 명령을 따라" 개혁해야 할 사항으로 분명하게 명시하고 있다.

---

151) Janet G. Macgregor, 150.

첫째, 국가 전체를 몇 개의 지방(provinces)으로 나누고, 지방은 다시 교구(parishes)로 나누며, 내륙 쪽은 마을(towns)로 나눈다. 각 교구 안의 합당한 회중에는 그 무리를 목양할 한 명 혹은 그 이상의 목사(pastors)를 배치해야 하며, 목사(pastor) 혹은 목회자(minister)는 하나 이상의 교회나 회중(flocks)이 아니라 오직 하나만을(than one only) 담당한다.

2항은 글라미스 경(John Lyon, 8th Lord Glamis)에 대해 베자(Beza)가 답변한 문구를 따른 것이라고 한다.[152] 베자는 답변하기를 왕국 전체를 지방(regions)으로 나누고, 다시 지방을 교구(parishes)로 나누어야 하며, 도시(cities) 또는 시골마을(country towns) 중 가장 적합한 한 곳에, 가장 큰 회의(assembly)에서 목회자를 배치해야 한다고 했다. 그러므로 동일하게 2항에서도 "국가 전체를 몇 개의 지방으로 나누고, 지방은 다시 교구로 나누며, 내륙 쪽은 마을로 나눈다. 각 교구 안의 합당한 회중에는 그 무리를 목양할 한 명 혹은 그 이상의 목사를 배치해야" 한다고 규정한 것이다.

한편, 2항에서는 "목사 혹은 목회자는 하나 이상의 교회나 회중

---

152) James Kirk, 230.

이 아니라 오직 하나만을 담당한다"고 명시하고 있다. 로마가톨릭교회의 고위 성직자인 대감독이나 감독들, 그리고 지역순회 감독의 경우처럼 다수의 목회자를 포괄하여 관할하는 사역을 배제하고, 순수하게 한 회중(혹은 교회)을 담당하도록 한 것이다. 이와 관련해서 칼뱅은 기독교강요 4권에서 정확히 언급하기를 각 목사에게는 모든 일이 혼란에 빠지지 않게 해야 할 의무가 주어져 있으며, 동시에 어느 교회에 배정받지 못하고 하릴없이 돌아다니면서 성급하게 한 장소에 함께 모이거나 자신들의 교회를 제멋대로 버리는 일들은 하지 말아야 한다고 하면서,[153] 그 이유에 관해 그들은 교회를 세우는 일(*ecclesiae aedificatione*)보다는 자신들의 이익에 더욱 관심을 가지기 때문이라고 했다.

---

153) Calvin, Institutes, Ⅳ, iii, 7.

그리고 내륙도 마찬가지지만, 왕국(realm) 내 모든 교구 교회들 (parish kirks)에 목사 혹은 목회자를 찾기 어렵기 때문에, 우리 는 교회 그리고 군주(prince)에 의해 그들에게 위임된 조언을 따라, 내륙(landward) 혹은 작은 마을(small villages)의 교구들은 둘 혹은 셋 또는 그 이상으로 묶으며, 함께 모이기에 가장 적당하고 (commodious) 주요한(principal) 곳에 교회를 세우고, 충분히 수리를 한 후에, 자격이 있는(qualified) 목회자를 그 곳에 배치하도록 한 다. 아울러 낡고 허물어질 것이 염려되어 소용이 없다고 생각되는 교회는, 그 교회 앞마당을 항상 매장지로 두도록 하며, 또한 어떤 곳에, 한 교회를 위한 회중(congregation)이 너무 거대하다면, 교구(a parish)는 필요에 따라 둘 혹은 그 이상으로 나눌 수 있다.

제2치리서가 작성되고 채택되는 시점에서 스코틀랜드 교회는 아직 장로교회로만 이뤄진 완전한 노회나 전국적인 대회(Synod)조직이 여러 모로 미흡한 가운데 있었다는 것을 이 조항이 드러내고 있다. 즉 "왕국 내 모든 교구 교회들에 목사 혹은 목회자를 찾기 어렵기 때문에, 우리는 교회 그리고 군주에 의해 그들에게 위임된 조언을 따라, 내륙 혹은 작은 마을의 교구들은 둘 혹은 셋 또는 그 이상으로 묶으며, 함께 모이기에 가장 적당하고 주요한 곳에 교회를 세우고, 충분히 수리를 한 후에, 자격이 있는 목회자를 그 곳에 배치하도록" 했던 것이다.

그러나 이러한 규정이 단순히 선교초기에 해당하는 것만이 아니라는 사실을 3항의 후반부 문장들 가운데서 파악할 수 있는데, 다음 단락에서는 "어떤 곳에, 한 교회를 위한 회중이 너무 거대하다면, 교구는 필요에 따라 둘 혹은 그 이상으로 나눌 수 있다"고 명시하고 있다. 이로 보건대 그처럼 지역이나 교구를 통합하거나, 또는 나누는 등의 기능을 수행하는 것이 늘 요구될 수 있으며, 그러한 필요를 따라 시행할 수 있는 치리기구로서 '노회'(Presbytery)[154]가 자리하게 된 것이다.

4

대학, 단과 대학, 그리고 그 외에 필요한 곳에 교사(혹은 박사, Doctors)들을 충분하게 보내도록 하여, 성경의 의미를 풀어내게 하고, 학교를 책임지게 하며, 종교의 초보를 가르치도록 한다.

---

154) 이 항에서도 그렇듯이, 제2치리서 전체에 걸쳐서 그 기능과 역할에 있어 노회와 당회의 구별이 분명하지 않은 채로 명시되어 있는 경우들을 볼 수 있는데, 맥그레고에 의하면 그러한 문제가 1586년에 국왕에게 제출된 제2치리서에 대부분 노회들과 연관된 문제들인 것을 기입했다고 한다. 즉 개별 당회를 넘어서는 많은 문제들이 노회의 역할과 기능에 의해 해결되도록 했던 것이다.

로마가톨릭교회에서도 그랬던 것처럼, 16세기 종교개혁의 시대에도 대학이나 단과 대학 등에서는 대부분 교사(박사)들의 역할이 분명하게 자리하고 있었다. 특히 박사인 교사들은 "성경의 의미를 풀어내게 하고……종교의 초보를 가르치도록"[155] 하려는 그 목적을 분명하게 실행했었던 것이다. 바로 그러한 목적에 따라 인문적 교양과 언어를 익히는 것이 학교들의 중요한 기능이었다.

5

장로들(elders)의 경우, 하나 혹은 그 이상의 각각의 교구에서 성도의 삶을 점검하도록 할 수가 있다. 그러나 모든 특정 교회에 장로회(assembly of elders)가 존재해야만 하는 것은 아니며, 마을과 중요한 곳에 장로회를 두어 어떤 일에 대한 재판을 할 수 있는 능력이 있는 사람을 세우도록 한다. 지교회(particular kirks)의 장로는 회의를 소집할 수 있으며, 그들 가운데서의 일들을 공동으로 처리할 수 있도록 공동 장로회(common eldership)와 회의 장소(assembly-place)를 두어 그들이 감독하는 회중의 일들을 처리토록 할 수 있다.

---

155) 이 점에서 있어서 현대의 소위 신학교들은 성경의 의미를 풀어내어 종교의 초보를 익히는 역할보다는, 철학과 사상을 향유하는 맥락에 치우쳐 있는 경우를 종종 볼 수 있다. 혹은 반대로 인문적 교양이나 언어에 대해서는 무관심한 경우도 찾아볼 수가 있다.

노회와 마찬가지로 개별 교회의 장로들 또한, 스코틀랜드 장로교회의 선교시기에 해당하는 16세기 동안에는 그 수와 역할이 절대적으로 부족했었던 것으로 보인다. 그러므로 여러 지역을 함께 통합하여 한 장로회에서 치리할 수 있도록 함과 마찬가지로, 개별 장로교회의 당회 안에 있는 장로들 또한 경우에 따라서 여러 교구를 맡아서 돌아보는 경우가 허용되고 있는 것이다.

　　특히 장로회(assembly of elders)인 노회(Presbytery)는 지역의 종교적인 사안들에 대한 재판을 시행하는 역할도 이미 가지고 있었다. 특별히 "마을과 중요한 곳에 장로회를 두어 어떤 일에 대한 재판을 할 수 있는 능력이 있는 사람을 세우도록 한다"고 한 문구에서 알 수 있듯이, 지역의 장로회는 재판정(court)의 역할을 충실히 할 수 있었던 것이다.[156)]

　　하지만 그럼에도 불구하고 5항은 개별 당회에 속한 장로의 역할

---

156) 사실 이러한 구조는 기본적으로 로마가톨릭교회의 시스템과도 상당부분 유사점이 있다. 비록 로마가톨릭교회가 사법권까지 행사하는 특성을 지닌데 반해, 장로교회는 영적 치리권에 해당하는 사항에 제한하고 있었지만, 기본적인 필요와 역할에 있어서는 공통점 또한 분명한 것이다. 물론 구체적인 시스템에 있어서는 장로교회들 사이에도 다소 차이가 있었다. 예컨대 프랑스, 네덜란드, 잉글랜드의 장로교회들은 한 국가 안에 4단계(아마도 당회, 노회, 대회, 총회 단위의 법정이었던 것으로 보인다)의 법정(court)을 조직한데 반해, 스코틀랜드에서는 3단계(당회, 노회, 대회 혹은 총회)에 국한하고 있다.

에 대해 분명하게 규정하고 있으니, 개별 장로회(당회)의 장로는 "회의를 소집할 수 있으며, 그들 가운데서의 일들을 공동으로 처리할 수 있도록 공동 장로회와 회의 장소를 두어 그들이 감독하는 회중의 일들을 처리토록 할 수 있다"는 것이다. 특히 "공동 장로회"(common eldership)라는 용어에서도 확인할 수 있는 바와 같이, 스코틀랜드 장로교회에서는 개별 교회만을 완전하고 독립적으로 인정하지 않고 항상 지역의 교회들과, 기본적으로는 노회 단위로 연계하여 교회적인 문제들을 해결할 수 있도록 했던 것을 볼 수 있는데, 이는 프랑스나 네덜란드 혹은 잉글랜드와 같은 지역의 장로교회들에서도 동일한 양상이었다.

6

그리고 필요와 유용성을 따라 교구를 연합하고 나누는 일을 할 수 있는 사람이 있어야 하는 것처럼, 군주(prince)의 동의를 받아, 교회(general kirk)는 하나님을 경외하고 그 마을의 상황을 잘 아는 사람을 세워 개별 장로회(particular elderships)를 소집해야 할 장소를 계획하고 지명할 수 있다. 이때에 나누어지기 전 옛 상황 및 그 영역에 속하는 지방(provinces)과 마을(countries)의 상황을 고려해야 한다.

6항에서 말하는 "개별 장로회"(particular elderships)는, 앞서 5항에서 언급한 "공동 장로회와 회의 장소" 또는 '노회'를 말한다.[157] 그러므로 6항은 5항에 연계되는 설명을 기본적으로 전제한다. 즉 5항과 관련한 더욱 구체적인 사항을 명시하고 있는 것이다. 그런즉 6항은 "지교회의 장로가……그들이 감독하는 회중의 일들을 처리"하는 것에 대한 좀 더 구체적인 내용을 포함하고 있다.

이 항의 문구들은 1579년 7월에, 스코틀랜드 총회는 공적인 행사를 위해 사용되는 곳에서 노회 건립을 위해 취해질 일반적 질서(general order)에 관하여 논의한 바를 반영한 것이다. 그리고 이후로 1580년과 1581년에 걸쳐서 실제로 이를 이행하기 위한 구체적인 실행과 논의가 이뤄진바 있다. 그리하여 13개의 노회가 시범적으로 중앙과 남부 스코틀랜드에서 세워졌다. 또한 지나치게 많은 인원으로 된 교구를 조정하는 일도 실제로 시행되었으니, 900명 이상의 교구를 600명 정도로 계획하여 줄임으로써 실제적으로 시행된바 있으나, 그다지 성공적이지는 않았다.[158]

이 같은 일련의 역할과 가능이 노회의 기능으로 수용되었으니, 노회는 실제적으로 회의를 소집하여 지역을 분할하거나 조정하는 일들

---

157) James Kirk, 232.
158) Calderwood, iii, 523.

을 감당하게 되었던 것이다. 바로 그럴 경우에 노회는 "나누어지기 전 옛 상황 및 그 영역에 속하는 지방과 마을의 상황을 고려"하도록 8항은 명시하고 있다.[159]

7

지방 및 대회 회의(provincial and synodal assemblies)에 관해서도 마찬가지로, 다음 상황을 고려하는 것이 좋다. 즉 회의의 횟수(how many)와 장소, 그리고 얼마나 자주(how often) 소집할 것인지, 교회(general kirk)의 자율권 및 그 곳에 정한 명령에 반드시 언급해야 할 상황 등이 이에 속한다.

이미 제2치리서에서도 지방회 및 대회에 관한 고려사항에 대해 예비하고 있다. 프랑스와 네덜란드, 그리고 잉글랜드의 경우와 달리 3단계의 치리법정을 실제로 운영했었던 것이 스코틀랜드 장로교회의 실정이었지만, 대회제도 자체에 있어서는 프랑스나 잉글랜드 등지의 장로교회들과 마찬가지로 4단계(개별 당회, 노회, 지방회 혹은 대회,

---

159) "군주(prince)의 동의를 받아"라는 문구와 관련해서는, 당시의 시대적인 상황이 반영된 것으로 보인다. 일반적으로 개별 장로회의 소집은 교회의 일로써, 군주의 동의를 요하는 사항은 아니기 때문이다. 특히 8항을 참조하라.

전국적인 총회)로 이미 충분하게 예비하고 있었던 것이다.

나중에 조지 길레스피(George Gillespie, 1613-1648)가 대회(Synods)제도의 신적보증과 권세 등에 관해 『Assertion of the Government of the Church of Scotland』라는 책에서 잘 설명하고 있는 것을 보면, 제2치리서의 경우 지방회나 대회에 대한 충분한 논의는 이미 이뤄져 있었던 것을 알 수 있다.

8

전국 규모의 회의(national assemblies)는 대개 총회(general assemblies)라고 부르며 항상 그들의 자율(own liberty) 가운데서 유지되어야 하며, 그들의 장소(own place)를 가지고 있어야 한다. 아울러 회의를 소집할 시간과 장소를 정할 권한은 교회에 있다. 그리고 모든 사람들과, 관원들(magistrates)은 물론 관리들(inferiors)도 교회의 영역 안에서 내린 결정에 아무런 이의를 제기하지 말고 따라야 한다.

8항은 앞서 7장 4항에서 "모든 회의에서 의장은 안건을 제시하고, 표결을 하며, 회의체의 명령을 시행하도록 하는 역할을 한다."고 한 바와 같은 맥락으로, 전국 규모의 회의인 총회는 장로회 자체의 자율권에 근거하여 운영되어야 함을 명시하고 있다. 즉 "장소 (own place)"와 더불어 "회의를 소집할 시간과 장소를 정할 권한은 교회에 있다"고 한 것이다. 실제로 제임스 6세의 섭정 모톤(regent Mortons) 경의 노회(aeeembly)와 모든 회의들을 의회(parliament) 에 종속시키려는 시도에도 불구하고, 총회는 시들지 않았으며 교회 들의 대법정(교회적인 문제들에 대한 대법정)의 역할을 여전히 수행 했다.

특별히 8항에서는 "관원들은 물론 관리들도 교회의 영역 안에서 내린 결정에 아무런 이의를 제기하지 말고 따라야 한다"고 하여, 회 의의 소집과 회의의 논의, 그리고 회의 결과에 따른 결정 등 전반적 인 교회적 실행의 문제들에 대해서는 전적으로 장로회의 자체에 권 한이 있음을 분명히 명시하고 있다.

교회의 역할(ecclesiastical functions)로 부름받은 사람들의 선출 (the election)은, 교회가 적그리스도에 의해 타락하지 않는 한 방해를 받지 않고 오래도록 유지되어야 하기에, 우리는 이 영역 내에서의 자유가 복구되고 유지되기를 바란다. 왜냐하면 그것은 왕이나 평민 그 어느 누구라 할지라도, 합법적인 선거 혹은 직분자를 선택할 사람의 동의 없이 어떤 회중에게도 끼어들지 않도록 해야 하기 때문이며, 사도적인(apostolical) 그리고 초대 교회(primitive kirk)와 선한 질서(good order)가 원하는 바이기 때문이다.

이미 3장 5항에서 "선출 절차(order)에 있어서, 장로회의 승인 없이 혹은 선거권을 가진 회중의 의지에 반하는 교회의 직분으로 사람을 세우는 것을 삼가 해야 한다"고 한 것과 같이, 9항에서도 다시 한번 "교회의 역할로 부름받은 사람들의 선출(the election)은, 교회가 적그리스도에 의해 타락하지 않는 한 방해를 받지 않고 오래도록 유지되어야" 한다고 했다.

특히 3장 5항에서 언급하는 '장로회'(eldership)와 관련해서, 7장 15항은 "그러한 종류의 회의는 교회의 직분자를 선거할 권한을 가지고 있어, 그들이 지닌 권한 내에서 충분한 능력을 갖춘 목사와 장로를 뽑을 권한(power of election)이 있다"고 했다. 그러므로 "교회의 역할로 부름받은 사람들의 선출"에 대해서는 순수하게 교회 자체[160]의 권한에 속하는 것을 단적으로 알 수가 있다. 따라서 1582년에 스코틀랜드 총회는 직분을 맡을 후보자들의 시험을 개별 노회(particular presbyteries)에 할당했다.

뿐만 아니라 제1치리서가 회중에 의한 선거와 교회의 목사와 장로에 의한 시험을 규정한 것과 달리, 제2치리서는 회중과 교회의 동의에 의한 승인을 포함하고 있다. 즉 "합법적인 선거 혹은 직분자를 선택할 사람의 동의"의 절차를 명시하고 있는 것이다. 이는 이미 1617년에 출간한 월터 드레버스(Walter Travers, 1548-1635)의 책에서도 살펴볼 수 있는바, 선거는 장로들이 임명한다고 믿었으며, 나머지는 교회에서 허락한 사람으로 장로들에 의해 시험을 받은 후에 합당하다고 판단했다.[161]

---

160) 물론 교회 자체란 개별 교회들의 당회(sessions)만을 말하지 않으며, 오히려 장로회(assembly of elders)인 노회(Presbytery)를 포함해서다.
161) Walter Travers, A full and plaine declaration of ecclesiasticall discipline owt off the word off God and off the declininge off the churche off England from the same(Michigan: University of Michigan, 2012), 44, 56.

그리고 하나님의 말씀이 요구하는 이 질서에 있어서는 로마가톨릭교회에서 사용하는 성직 수여(patronages)와 후원 제도(presentation to benefices)를 인정할 수 없으며, 우리는 참으로 하나님을 경외하는 모든 사람들이 다음과 같은 상황을 고려하기를 바라는 바이니, 성직 수여와 후원제도, 그리고 그 효력과 더불어 교황과 그 법령(corruption of the canon law)의 타락으로부터 흘러나오는 것들, 그러한 자들이 영혼을 돌보는(curam animarum) 자로 교회 위에 있으면서 방해를 하는 한, 그리고 그 진행하는 방식들이 하나님의 말씀에 근거가 없는 한, 선거의 자유에 대해서도 마찬가지로 그들은 지금 개혁의 이 빛 가운데에 자리를 잡아서는 안 된다. 그러므로 누구든지 하나님의 말씀을 받아들이며, 하나님의 아들 예수 그리스도의 나라가 임하기를 원한다면, 그들은 또한 하나님의 말씀과 이 교회의 올바른 지위(estate)가 원하는바 정치(policy)와 질서(order)를 받아들여야 할 것이다. 그렇지 않으면 그들이 동일하게 고백한(professed) 것은 헛된 것이다.

10항에서는 로마가톨릭교회의 성직 수여(patronages)와 후원 제도(presentation to benefices)를 인정할 수 없다고 분명하게 밝힘으로써, 특히 제1치리서에서 옹호되었던 것처럼 성직록과 관련한 후원 제도를 부정하는 초기의 개혁적인 이상으로 돌아오는 것을 명시하고 있다.[162]

또한 성직 수여와 관련된 고위 성직자 제도의 폐지와, 교회 재정의 혼란을 수습하고 현세로부터 영적인 것들을 분리시키려는 일련의 개혁을 지향하는 것이다.

이에 따라 1567년에 총회는 하나님의 말씀과 초기 교회의 질서와 실천에 따라, 로마가톨릭교회를 개조할 것을 요구했다. 또한 1571년에는 고위 성직자 제도가 신속하고도 확실하게 일소될 수 있기를 희망했다. 불과 얼마 전까지 로마가톨릭교도인 메리 여왕의 치세 가운데서 여전히 공교히 자리하고 있었던 로마가톨릭교회의 정치체제 가운데 첨예한 고위 성직자에 의한 성직 수여와 성직록에 바탕을 두는 후원 제도에 대한 폐지를 강력히 제기되었던 것이다.

---

162) James Kirk, 235.

그럼에도 불구하고 영혼을 돌보지(curam animarum) 않는 성직 수여(patronages)를 후원하는 것은, 그들이 말하는 대로, 예컨대 사제관(chaplaincies)과 현세의 토지 위에 세워진 성직록(prebendaries)을 내는 땅, 연보(annuals), 그러한 것들은 의회의 법령에 따라 매년 그것의 처분에 의해 오래된 후원자들(ancient patrons)을 위해 적립할 수 있으며, 그들이 공석일 때는 학자(scholars)나 장학생들(bursars)을 위해서 적립토록 할 수 있다.

로마가톨릭교회에서 성직자라 불리는 사제들과 관련하여 부여된 종교적인 의무(*officium*)들을 수행하는 것에 대한 교회의 직봉(*praebenda*)인 '성직록'(beneficium)과 관련하여, 트렌트 공의회 제22차 회기(1562년 9월 17일)에서는 개혁 교령(*Decretum de reformatione*) 제3조에서 주교들은 사도좌의 대리자로서도 역할을 수행하는 만큼 주교좌성당 혹은 동료단 성당에 있는 모든 상급 성직자(고위 성직자), 중급 성직자 그리고 하급 성직자들의 전체 소득과 수입의 1/3을 취할 수 있고, 자신의 재량에 따라 정해진 몫을 그들에게 분배할 수 있다고 규정했다.[163] 또한 트렌트 공의회 제23차 회기(1563년 7월 15일)의 개혁 교령 제6조를 보면, 성직록 수령을 위한

---

163) J. Alberigo etc, Conciliorum Oecumenicorum Decreta Ⅱ, 738.

최소 연령에 관해 언급하기를 삭발례를 받았거나 소품들에 속한 사람이라도 14세 이전에는 성직록을 받을 수 없다고 명시하고 있다.[164] 그러면서 또한 면책특권과 관련하여서도 언급하기를 "주교(감독)의 명령에 따라 어느 성당에서 복무하거나, 혹은 그가 신학교에 있거나 주교의 허락을 받아 상위의 품을 준비하기 위해 다른 학교 또는 대학교에서 살고 있는 경우"에 한정하여 면책특권이 적용될 수 있음을 명시한 것을 볼 수 있다. 무엇보다 제18조에서도 미래의 사제들을 양성하기 위한 신학교의 설립에 관하여 언급하는 가운데, 신학교육 및 지역 아이들의 교육과 후생을 위해 성당들과 여타의 기관들의 재산, 모든 교회의 소득이나 수입, 여타 기숙사들의 재산, 또는 다른 지역에서는 조합이라 불리는 연맹이나 형제회들, 탁발 수도회가 아닌 모든 수도회들, 어떤 이유에서든 평신도들에게 속한 것으로서 이로부터 교회 보조금들이 지출되곤 하는 십일조 기금, 그리고 기사단 내지 단체에 속한 기사들에게 맡겨진 십일조 기금 등을 사용할 수 있도록 규정한 것을 볼 수 있다.[165]

그런데 11항에서 스코틀랜드 장로교회는 "사제관과 현세의 토지 위에 세워진 성직록을 내는 땅, 연보, 그러한 것들은 의회의 법령에 따라 매년 그것의 처분에 의해 오래된 후원자들을 위해 적립할 수 있

---

164) 앞의 책, 747.
165) 앞의 책, 751-2.

으며, 그들이 공석일 때는 학자나 장학생들을 위해서 적립토록 할 수 있다"고 함으로써, 로마가톨릭교회의 모든 제도들을 부정하고 척결하는 것이 아니라, 성경과 초기 교회들의 전통 가운데서 전수되어 왔던 원래의 의미를 따라 교회 재산이 분배될 수 있도록 규정하고 있다. 실제로 1567년에 의회는 대학의 학장이나 성직자, 교목 등에게 필수적인 후원을 하도록 했고, 또한 학생들이 대학에서 학업을 계속할 수 있도록 장학금을 지불할 수 있도록 했다.

12

일반적으로 교회의 수입(rents)에 대해서, 우리는 그리스도의 교회의 순결함을 실천하고, 하나님 말씀의 진실함이 인정되고 유지되도록 분배되기를 원한다. 즉 교회의 전 수입과 기본 재산(patrimony)은 앞서 언급한 작은 성직 수여(small patronages)를 제외하고, 다음과 같이 네 가지로 나눈다. 하나는 목사의 생활과 편의를 위해(for his entertainment and hospitality), 다른 것은, 장로와 집사 그리고 교회의 다른 직원 즉 회의의 서기(clerks of assemblies), 시편을 맡은 자, 교회의 잡무와 경비를 맡은 직원들(beadles and keepers), 필요한 경우 옛 기금들(the ancient foundations)을 활용하여 돕기 위해 학교의 박사들도 여기에 포함시키며, 셋째 부분은, 신실한 회원들 중 가난한 자, 그리고 병원(hospitals)을 위하여 사용하고, 넷째 부분은, 교회의 보수와 유익을 위한 특별 예산(extraordinary charges)으로 사용하며, 또 필요할 경우에 공공복지(common weal)를 위해 사용토록 한다.

앞서 9장 1항에서 "교회의 재산은, 기독교 신앙을 고백하는 나라의 보편적인 관습이나 동의하에서, 교회의 유익과 공적인 사용을 위해, 과거에 이미 받았거나 앞으로 받을 모든 것들을 의미하므로……우리는 이 모든 것들에 대해 법과 관습, 나라의 관례, 교회의 관례와 효용을 위해 사용할 것"이라고 했던 것에 이어, 12항은 "교회의 수입에 대해서, 우리는 그리스도의 교회의 순결함을 실천하고, 하나님 말씀의 진실함이 인정되고 유지되도록 분배되기를 원한다"고 명시하고 있다. 앞서 9장의 교회 재산에 관한 규정들 가운데서 알 수 있듯이, 교회의 재산이 국가로부터 인정받거나 제공되는 것까지도 포함되었다는 점에서 그 분배와 집행 또한 "법과 관습, 나라의 관례, 교회의 관례와 효용"에 따라 사용해야 하는 것과 더불어, 더욱 "그리스도의 교회의 순결함을 실천하고, 하나님 말씀의 진실함이 인정되고 유지되도록 분배되기를" 규정하고 있는 것이다. 그러므로 12항의 후반부에서는 "필요할 경우에 공공복지(common weal)를 위해 사용토록 한다"고 했는데, 이에 따라 13장 4항에서는 "다리를 건설하는 것이나, 다른 공공의 일들과 같이 그들의 교회를 유지하고 세우는 일에서 그들을 자유롭게 함으로써, 모든 국민들에게 큰 위로와 위안이 될 것"이라고 교회 재산과 재정에 있어서도 국가 전체를 반영하는 국가

적 교회체제의 효과와 장점을 명시하고 있는 것이 제2치리서의 독특한 특성이다.

그러나 12항에서는 "교회의 전 수입과 기본 재산은 앞서 언급한 작은 성직 수여를 제외"한다고 명시하여, 로마가톨릭교회의 성직록(*beneficium*)[166]과 관련한 고위 성직자 제도를 배재하고 있다.

한편, 앞서 9장 4항에서 교회의 소유자산(patrimony)에 대해 네 가지의 분배원칙을 제시했었는데, 여기 12항에서 재차 제시하고 있다.[167]

---

166) 성직록과 관련한 고위 성직자인 감독제도의 폐해에 대해서는 칼뱅의 기독교강요 4권 제5장 4-7항을 참고하라.

167) 9장 4항에서와 동일하게 장로와 집사 등에 대해서도 항목을 할당하고 있는데, 1560년에 제1치리서는 장로와 집사들에 대해서 그들이 교회에 상주하는 것이 아니며, 생업을 위해 자리를 비워야하는 경우가 많으므로 공적인 봉급을 따로 책정하지는 않는 것으로 결정했다. 다만 그들은 합리적으로 교회의 모든 일들에 참여할 수 있도록 규정했던 것이고, 일반적으로 그들과 관련한 예산의 언급은 그들이 담당하는 직무와 관련한 지출의 항목으로 파악된다.

그 때문에 우리는 교회의 재산(ecclesiastical goods)이 늘어나며 필요한 자들에게 신실하게 배분되기를 원하니, 집사들의 사역(ministry)으로 그들의 직무에 속하는 적절한 수집과 분배(collection and distribution)가 이뤄지고, 그 부분에 대해 가난한 자들이 응답을 받을 수 있으니, 이에 관심과 배려 없이 사는 자들이 사역의 대상이며, 또한 나머지 교회 재산은 적립해 두었다가 올바른 용도로 사용토록 한다. 하나님의 말씀을 따라 이 일에 적절한 자질을 갖춘 집사를 뽑았다면(are elected), 이전의 패역한 세리들과 같이(as the profane collectors) 그들의 직분을 오용할 염려는 없을 것이다.

13항의 첫 단락의 문구들은 9장 3항의 초반부 문맥을 따른 것이다. 다만 두 번째 단락의 문구와 관련해서는 이미 제2치리서가 작성될 당시에도 실제적인 부패와 오용이 있었던 것을 반영한다. 1578년 스코틀랜드의 사법 위원회에서는 전체 집사 직분의 1/3에서 심각한 남용과 부패를 발견할 수 있었다고 한다.

그러나 이 소명(vocation)은 많은 경우에 위험의 소지가 있어, 과거와 같이, 집사들은 해마다(to a yearly) 목사와 장로회에(to the pastors and eldership) 보고할 의무를 두도록 한다. 그리고 만일 교회와 군주(prince)가 적절하다고 생각하면, 의무를 충실히 이행하도록 경고함으로써 교회 수입(rents)을 결코 낭비하지 않도록 한다.

당시에 교회의 당회에서 집사들이 제시한 장부를 면빌히 조사하기 위해 감사인을 임명하는 것이 일반적인 관행이었다고 한다.[168] 특히 제1치리서에서부터 이미 사람들이 교회의 공적인 일들에 관련된 것들을 개인의 사적인 일에 사용하려는 유혹이 있을 수 있음을 알고, 목사와 장로들이 집사의 직무를 관할하여 지도해야 함을 요구했다. 아울러 총회 차원의 경고와 보완이 실제로 이뤄졌다.

---

168) Edinburgh General Session Records, 14 July 1575. James Kirk, 238. 재인용

그리고 이 질서(order)가 발휘하는 효력에 대해서는, 군주(prince) 혹은 그 외의 임명으로든지 간에 교회 재정(kirk rents)에 관여하려는 모든 다른 자들(that all others intromitters), 일반 혹은 특별 징세관들(collectors)이 교회 재정에 대해 추가적으로 관여하려는 것을 금해야한다. 이는 재정 담당 집사들의 사역을 통해 교회 재산이 앞서 언급한 것들을 따라서 분배되는데 방해를 받지 않도록 하려는 것이다.

1561년부터 추밀원에서 부과하기 시작한 1/3세(Tax)의 수집을 위해서, 왕실에서는 스코틀랜드 전체를 12개의 지역으로 나누고, 각 지역의 부징세관(subcollectors)들이 1/3세를 거둬들여서 징세관(collectors)에게 보고토록 하고, 그리고 징세관들은 이를 다시 국고에 보고하도록 했다고 한다. 이러한 체계는 1597년까지도 존재했는데, 15항에서는 그러한 징세관들이 교회의 재정에 관여하지 못하도록 규정하고 있다.

또한 교회 재산(ecclesiastical rents)을 정해진 용도대로 사용하기 위해서, 우리는 다음 사항이 필요하다고 생각한다. 즉 교회의 재산(rents)에 대해 수수료를 매기고 임대하는 것, 옛 임대에서 축소되고 해를 입은 모든 토지의 십일조(teinds)들을 포함하여 이 모든 것들은 축소하고 무효화하여, 교회의 재산을 옛 자율의 상태로 회복해야 한다. 이와 마찬가지로, 앞으로 토지의 십일조는 아무에게도 맡기지 않고, 이전에 귀족들이 기부할 때 동의했던 대로, 그 땅에 사는 노동자들에게만 배정토록 한다.

끝으로 16항에서는 옛 로마가톨릭교회의 체제 가운데서 성직자들의 후원(benefices)을 위해 사용되었던 여러 제도들, 예컨대 16항이 언급하는 "교회의 재산에 대해 수수료를 매기고 임대하는 것", 그리고 "토지의 십일조" 등을 모두 폐지하고, "교회의 재산을 옛 자율의 상태로 회복"되도록 규정하고 있다.

노동자들과 농부들을 배려하기 위한 토지의 십일조 체계에 대한 개혁은, 일찍이 십일조 토지를 관리하는 중개인들의 희생으로 제임스 5세(James V, 1512-1542)에 의해 제안된 바 있으며, 이후로 개혁 교회의 사업을 위한 자금조달에 대한 전체적인 내용을 십일조 토지와 관련하여 제기한 제1치리서에서 채택되었다. 그러므로 제2치리서 또한 그러한 맥락으로 16항에서 "앞으로 토지의 십일조는 아무에게도 맡기지 않고[중개인이나 조정자를 거치지 않고], 이전에 귀족들이 기부할 때 동의했던 대로, 그 땅에 사는 노동자들에게만 배정토록 한다"고 규정한 것이다.

13장: 이 모든 개혁의 유산들로부터 얻을 수 있는 유익
(The Utility that Shall Flow from this Reformation to all Estates)

우리가 원하는 영적 통치와 정치(government and policy)의 목적은 하나님을 영화롭게 하며, 예수 그리스도의 나라가 확장되기를 원하며, 그의 신비한 몸의 지체인, 모든 사람(all who)이 양심을 따라 평안하게 살 수 있도록 함이다. 그러므로 우리는 담대히 그리고 감히 이 목적에 참된 경의를 표하는 자는 모두, 양심의 명분을 위해서라도 스스로 이 명령에 기쁨으로 동의하고 순응하며, 그들 안에서 동일한 목적을 향해 앞으로 나아가기를 천명한다. 이를 통해 양심이 안식을 누리며, 하나님의 말씀과 양심이 간절히 원하는 바, 온전한 순종을 통해 또한 하나님의 말씀에 반하는 모든 부패를 거부함으로써 영적인 기쁨을 재충전하고자 한다.

일반적인 법령의 경우와 달리, 이러한 표현 가운데서 제2치리서는 의회의 승인을 필요로 하지 않는 것임을 나타내고 있다. 왜냐하면 이미 1장 12항에서 명시한 바와 같이 "관원은 사람 앞에서 오직 외적인 것만을 처리하고 행하며, 반면에 영적인 치리자는 하나님의 말씀을 따라 내적인 성향과 외적인 행위 둘 다를 양심과 관련하여 판단"하기 때문이다.

그러나 "하나님을 영화롭게 하며, 예수 그리스도의 나라가 확장되기를 원하며, 그의 신비한 몸의 지체인, 모든 사람이 양심을 따라 평안하게 살 수 있도록 함"이 목적인 영적인 통치와 정치는, 반드시

"양심의 명분을 위해서라도 스스로 이 명령에 기쁨으로 동의하고 순응하며, 그들 안에서 동일한 목적을 향해 앞으로 나아가"는 것이 요구된다.

⊕ point of view:

백성들의 양심을 관할할 수 있는 것은, 영적 치리권의 중요한 기능과 역할이다.

2

다음으로 우리는 우리들과 더불어 동일한 종교를 고백하는 교회들과, 지방들(countries), 다른 나라들(nations)에게 선하고 경건한 질서의 예와 본(example and pattern)이 되고자 함이며, 계속해서 우리가 어떤 오류들(errors)이 없이 (그의 이름을 찬양하며) 지금까지의 신실함 속에 거하며 하나님을 영화롭게 하고자 한다. 그러므로 우리의 대화에서의 경우와 같이, 우리가 하나님의 말씀과 개혁의 순수함이 원하는 치리(혹은 권징, discipline), 정치(policy), 그리고 선한 질서(good order)에 대해 우리 스스로 순종할 때, 하나님은 영광을 받으실 것이다. 그렇게 하지 않는다고 한다면 우리에게는 그의 주인의 마음을 알고서도 행하지 않은 종에 대한 무서운 판결을 받을 것이다.

사실 제임스 6세의 두 번째 섭정이었던 모톤(Morton) 경의 시기인 1572년에 있었던 리스 회의(The Convention of Leith)의 합의는 그 일부에 있어서 '최고의 개혁교회의 정치'와는 충분히 일치하지 않는 것으로 밝혀졌다.[169] 오히려 그것은 초기의 개혁적인 아이디어의 달성을 편향적으로 반영한 것이라 생각되었던 것이다. 그러므로 제2치리서의 작성은 그러한 미비점을 보완할 수 있는 것이어야만 했고, 특히 고위 성직자들이 대체한 지역순회 감독의 자리에 관한 확실한 대책을 강구할 수밖에 없었던 것이다.

무엇보다 2항에서는 "우리는 우리들과 더불어 동일한 종교를 고백하는 교회들과, 지방들, 다른 나라들에게 선하고 경건한 질서의 예와 본이 되고자 함이며, 계속해서 우리가 어떤 오류들이 없이 (그의 이름을 찬양하며) 지금까지의 신실함 속에 거하며 하나님을 영화롭게 하고자 한다"고 하여, 이 치리서가 결코 일시적이거나 미봉책의 의미 정도로 작성하려는 것이 아님을 분명히 밝히고 있다. 오히려 "하나님의 말씀과 개혁의 순수함이 원하는 치리, 정치, 그리고 선한 질서"를 추구하며, 기꺼이 이에 순종할 것을 다짐하여 작성한 것이 바로 제2치리서인 것이다. 그러므로 제2치리서를 작성한 스코틀랜드 장로교회의 목사들은 "그렇게 하지 않는다고 한다면 우리에게는 그의 주인의 마음을 알고서도 행하지 않은 종에 대한 무서운 판결을 받을 것"이라고 하는 엄중한 소명이 자리하고 있었던 것이다.

---

169) James Kirk, 243.

더구나, 만일 우리 안에서 날마다 증가하는 예수 그리스도 안에 있는 가난한 지체들에 대한 동정(pity) 혹은 존중(respect)이 있다면, 우리는 그들의 몫인 교회 재산(patrimony)의 일부를 더 이상 갈취하여 그들을 괴롭게 해서는 안 된다. 그러므로 우리가 이 질서(order)를 성실히 이행한다면, 그들의 부담이 줄어들 뿐 아니라, 이로 인해 그들은 큰 위안을 받을 것이며, 길거리는 그들의 나지막한 불만의 소리(murmurings)와 울음(cryings)에 대해 깨끗해질 것이다. 이로써 우리들도 지금까지 그랬던 것처럼 우리 가운데 있는 가난한 자들을 돌아보지 않는 것으로 인해 다른 나라에 웃음거리가 되지 않을 것이며, 우리가 지금까지 악하다고 고백한 것들, 즉 대적들에게 비방거리를 제공하며, 순전하고 경건한 양심에 반하는 행위들을 하지 않게 될 것이다.

앞서 9장 4항에 명시한바 "교회의 소유자산(patrimony)에 대한……네 가지의 분배원칙" 가운데서 세 번째 원칙인 "가난한 자, 병든 자, 그리고 나그네를 위해 쓰"도록 한 것에 대해, 여기 3항은 "그들의 몫인 교회 재산의 일부를 더 이상 갈취하여 그들을 괴롭게 해서는 안 된다"고 명시하고 있다. 즉 교회의 재산은 가난한 자들과 병든 자들, 그리고 나그네를 위해 분명하게 할당되어 있음을 밝히고 있는 것이다. 따라서 교회의 재산을 그들에게 사용하지 않는 것은, 교회의 재산을 절약한 것이 아니라 마땅히 써야할 것을 쓰지 않은 직무유기

의 행위인 것이다.[170]

　반면에 교회의 재산이 그 정확한 할당에 따라 집행(분배)될 때에 대해서, 3항은 "우리가 이 질서(order)를 성실히 이행한다면, 그들의 부담이 줄어들 뿐 아니라, 이로 인해 그들은 큰 위안을 받을 것이며, 길거리는 그들의 나지막한 불만의 소리와 울음에 대해 깨끗해질 것"이라고 명쾌하게 명시하고 있다.

　무엇보다 3항은 "이로써 우리들도 지금까지 그랬던 것처럼 우리 가운데 있는 가난한 자들을 돌아보지 않는 것으로 인해 다른 나라에 웃음거리가 되지 않을 것이며, 우리가 지금까지 악하다고 고백한 것들, 즉 대적들에게 비방거리를 제공하며, 순전하고 경건한 양심에 반하는 행위들을 하지 않게 될 것"이라고 명시하여, 국가적인 복지의 모습이 전적으로 교회의 책임이기도 함을 뚜렷이 명시함으로써, 개혁교회인 스코틀랜드 장로교회가 결코 국가와 사회에서 따로 떨어져 별개로 존재하지 않음을 밝히고 있다.[171]

---

170) 특별히 교회 재산의 분배를 담당하는 집사와, 이를 감독해야 할 당회의 직무유기이다.

171) 반면에 로마가톨릭교회체제 가운데서의 교회재산은, 오히려 사회의 억압과 부당(착취)을 야기하는 근거로 자리하고 있었다.

⊕ point of view :

사회복지의 문제는 교회의 재산이 사용될 주요 항목 가운데 하나
이며, 이를 위해 국가와 연계된 기능과 역할을 교회가 수행할 수
있어야 한다.

4

이외에도, 다리를 건설하는 것이나, 다른 공공의 일들과 같이 그들
의 교회를 유지하고 세우는 일에서 그들을 자유롭게 함으로써, 모
든 국민들에게 큰 위로와 위안이 될 것이다. 또한 십일조의 토지
(teinds)에서 수고하는 노동자들에게 위로가 될 것이며, 짧게는 지
금까지 교회 성직자(kirkmen)라 불리던 거짓된 자들에게 힘들게 당
한 그 모든 것들, 즉 임대인(tacksmen), 대리인(factors), 시종들
(chamberlains)과 착취자들(extortioners)의 손길로부터 자유롭게
될 것이다.

앞서 9장 4항에서 언급하는 교회 재산의 네 번째 분배원칙
을 보면, "교회의 기타 일들을 위해서와, 특별하고 비상적인
(extraordinary) 일들을 위해 쓰도록 한다."고 했는데, 12장 12항에
서는 네 번째 분배원칙에 대해 "넷째 부분은, 교회의 보수와 유익을

위한 특별 예산으로 사용하며, 또 필요할 경우에 공공복지(common weal)를 위해 사용토록 한다."고 했다. 여기 4항에서는 네 번째 분배원칙에 따라 특별하고 비상적이거나 공공의 복지를 위해 사용되는 경우의 구체적인 예로써, "다리를 건설하는 것이나, 다른 공공의 일들과 같이 그들의 교회를 유지하고 세우는 일"에 교회의 재산이 사용될 수 있음을 명시하고 있다. 또한 그렇게 함으로써 얻게 되는 유익에 대해 "모든 국민들에게 큰 위로와 위안이 될 것"이라고 했다.

이처럼 스코틀랜드의 제2치리서는 현대의 교회들이 관심을 두는 공공복지에 대해서 적극적으로 교회가 기여하도록 하고 있는데, 그렇게 함으로써 모든 국민들에게 위로와 위안이 되도록 하고 있다. 더구나 공공의 복지를 위해 "다리를 건설하는 것"까지도 기여할 항목으로 언급함으로써, 국가적인 교회로서의 장로교회가 국가의 통제를 받는 에라스투스주의(Erastianism)의 맥락에서가 아니라, 오히려 교회가 국가의 선행을 주도하는 적극적인 맥락이라는 것을 파악할 수 있다.[172]

---

172) 마찬가지로 1장 14항에서는 "목회자는 세상 재판권(civil jurisdiction)을 행사할 수는 없지만 세상 관원이 말씀을 따라 자신이 맡은 일을 행할 수 있도록 가르칠 수가 있다."고 규정하고 있고, 15항에서도 "목회자는 자신이 속한 군주들 (princes)이 말씀에 부합한 정치를 할 수 있도록 도와야 하며, 다만 시정에서의 업무(in civil affairs)에 개입하여 자신들의 책임을 소홀히 하지 않는 범위 내에서 세상일을 돕도록 한다."고 했다.

뿐만 아니라 앞서 언급하기도 했던 농민들과 노동자들에 대한 로마가톨릭교회에서의 착취에 대해서도 분명하게 극복할 수 있도록 명시하고 있으니, '십일조 토지'(teinds)와 관련하여 "짧게는 지금까지 교회 성직자라 불리던 거짓된 자들에게 힘들게 당한 그 모든 것들, 즉 임대인, 대리인, 시종들과 착취자들의 손길로부터 자유롭게" 될 수 있도록 해야 한다고 명시하고 있는 것이다. 그렇게 함으로써 지금까지 십일조 토지에서 수고하는 노동자들에게 위로가 되도록 한 것이다.

끝으로 이러한 유익은 국왕의 존엄(majesty)과 나라의 공공복지(common weal)에도 도움이 될 것이다. 교회의 모든 일은 우리가 지금까지 말한 분배 원칙을 따라 시행하며, 남은 교회 재산은 군주(prince)의 일을 특별히 지지하며, 또한 공공복지를 위해, 특히 교회의 보수를 위해 할당된 부분을 위해 유익하게 그리고 자유롭게 지급하며 수여할 것이다.

이 부분은 앞서 12장 12항 후반부 문맥과 직결되는 문구로서, "셋째 부분은, 신실한 회원들 중 가난한 자, 그리고 병원(hospitals)을 위하여 사용하고, 넷째 부분은, 교회의 보수와 유익을 위한 특별 예산(extraordinary charges)으로 사용하며, 또 필요할 경우에 공공

복지(common weal)를 위해 사용토록 한다"는 12장의 언급들과 연계되어 "이러한 유익은 국왕의 존엄과 나라의 공공복지에도 도움이 될 것"이라고 한 것이다.

실제로도 이와 동일하게 베자(Beza)는 글라미스 경(lord Glamis)에게 교회 재산의 결실들이 목사, 가난한 자, 학교와 교회들에 사용하는 것의 효과에 관해 조언한 바 있다.[173]

따라서 결론을 내리자면, 기꺼이 이 질서(order)를 따르는 자는 누구든지, 지금까지 고통스러운 통치를 받은 자들, 세상 군주(princes)와 관원들(magistrates)도 예외 없이, 교회 재산을 바르게 주관하고 통치하는 모든 자들에게, 하나님은 영화롭게(glorified) 될 것이고, 교회는 교화되며(edified), 그 지경이 확장되고(enlarged), 예수 그리스도의 나라가 세워지고(set up), 사탄과 그의 나라는 전복되어(subverted), 성부와 성령과 더불어서 영원히 거하시는 예수 그리스도를 통해 하나님께서 우리 가운데 영원히 거하시고, 우리를 평안케 하실 것이다. 아멘.

---

173) James Kirk, 243.

군주들과 관원들까지 포함하여 하나님의 말씀에 따라 교회의 질서가 세워지고, 또한 교회가 사회 가운데 영향을 끼칠 수 있도록 함의 유익들에 관해 언급하고 있음에도 불구하고 1581년 총회 때에는 제2치리서에 대한 의회의 지지와 왕의 승인을 얻지는 못했다. 그러므로 우선 총회의 주도로 제2치리서가 스코틀랜드 장로교회에 채택되었는데, 그렇게 된 것에는 로마가톨릭교회의 재산에 관한 제2치리서의 규정들에 동의하지 못한 것이 가장 큰 이유였던 것으로 보인다.[174]

하지만 그럼에도 불구하고, "지금까지 고통스러운 통치를 받은 자들, 세상 군주와 관원들도 예외 없이, 교회 재산을 바르게 주관하고 통치하"여야 함을 바탕으로, 언급함으로써, "하나님은 영화롭게 될 것이고, 교회는 교화되며, 그 지경이 확장되고, 예수 그리스도의 나라가 세워지고, 사탄과 그의 나라는 전복되어, 성부와 성령과 더불어서 영원히 거하시는 예수 그리스도를 통해 하나님께서 우리 가운데 영원히 거하시고, 우리를 평안케 하실 것"이라고 선언하고 있다. 이후로 1590년까지 총회는 스코틀랜드의 모든 목회자들에게 개별 노회에 가입하도록 결의하여, 실질적으로 노회정치가 구현되었다.

---

174) Acts of Parliament of Scotland, vol. iii, 545.

⊕ point of view :

바른 교회정치의 실현은, 국가 전체의 유익과 안녕을 실현하는 방편이 된다.